Herstellung und Verlag; Books on Demand GmbH Norderstedt
Alle Rechte vorbehalten
ISBN 9783839115091
© Erich Reißig 2010

Autogeddon
Ein Spiel in drei Teilen

Von Erich Reißig

Personen und Handlung sind frei erfunden.

Wenn ein Reisender in einer Frühlingsnacht

Personen:

Müller
Funk
Funk2
Nordwind
Onboardunit
Basis
Kali
Kunde:
Tankwart
Benno
Franz
Radiosprecher
Redakteur
Aristonmann
Inge

Einsatzzentrale der Polizei

Müller

Achtung an alle Einheiten!
Digitaler Angriff auf die Tankstelle am Schatzbogen.
Chaos und wachsender Stau.
Sorgen Sie für Ordnung!
Der Tankwart wird bedroht.

Funk

Bedroht? Warum?

Müller

Die Preise fallen minütlich.
Wir sind bei 74 Cent und es geht immer weiter runter.

Funk2

Soll sich der Konzern darum kümmern.
Nicht unser Problem, vom Geld ganz zu schweigen.

Müller

Was reden Sie, Kollege?
Unser Auftrag lautet die Ordnung aufrecht zu halten, nicht
die Weltwirtschaft zu korrigieren.

Funk2

Genau! Büttel sind wir.
Erhalten selber nicht genug Schotter um in der Großstadt
eine ordentliche Wohnung mieten zu können und auch noch
unsere Familie anständig zu versorgen, machen aber alles,
damit das so bleibt.

Funk

Wieso stoppen die von Ariston das nicht?
Die Preise werden doch von der Konzernzentrale übers Netz
festgelegt.

Müller

Das Netz ist ausgefallen.
Sie kommen nicht rein.
Und der Tankwart kann nur abschalten, aber das lassen die
Kunden nicht zu.

Funk2

Die wollen billig tanken, ist doch klar.

Müller

Das ist der dritte Netzangriff in kurzer Zeit.
Aber die Aristonleute sind unterwegs.

Funk2

Und inzwischen sollen wir den Kopf hinhalten.

Müller
> Deshalb sind Sie zur Polizei gegangen.

Funk
> Genau.

Funk2
> Und was sollen wir machen?
> Alle erschießen, die tanken wollen?

Auto innen

Radiowerbung von Ariston

Trommelwirbel

Ariston
> Aus umwelffreundlicher Förderung nur das Beste für Ihr
> Fahrzeug:
> Ökobenzin und Ökodiesel von Ariston.
> Das Blut der Erde.

Kanonenschuß (verhallend)

Radiosprecher
> Liebe Autofahrer, uns liegen heute Morgen keine
> Staumeldungen vor.
> Ein herrlicher Morgen im Mai.
> Kommen Sie gesund an Ihr Ziel.
> Ideales Wetter um etwas zu unternehmen
> Fahren Sie in die Arbeit, wenn Sie noch welche haben,
> fahren Sie ins Grün, wenn Sies sich leisten können.
> Oder bleiben Sie einfach daheim und genießen Sie das
> wunderbare Programm auf unserem Kanal.

Schlagermusik Hass Anfang

Telefonklingeln. Nordwind nimmt ab.

Nordwind
> Hi – okay
> Ich bin bereit
> In paar Minuten.

Klar!

Basis

Fahr zum Schatzbogen, die Weißen greifen eine Tankstelle an.

Nordwind

Was für ein Angriff?

Basis

Sie kopieren unsere Benzinaktionen.
Aber auf ihre Art.
Sag mal fährt Kali?
Kennst du die?

Nordwind

Kali?
Nein, ich kenne sie nicht.

Basis

Wir haben gehört dass sie die Aktion leitet.
Paß auf, die ist gefährlich.

Nordwind

Alles klar!

Schlager wieder hoch .... Ich düse, düse ...

An der Tankstelle

Kunde:

Was heißt das der Preis stimmt nicht?

Tankwart

Ich sage doch dass eine Manipulation stattgefunden hat.
20 Euro für 50 Liter, das glauben Sie doch selber nicht.

Kunde

Als ihr Windhunde den Preis hochgeschossen habt, konnte ich das auch kaum glauben, und da war von keiner Manipulation die Rede.
Hör zu Freund, ich habe bezahlt, als fünfzig Liter fast hundert Euro gekostet haben und jetzt zahle ich zwanzig.
Ich zahle das, was der Automat anzeigt.
Hier hast du die Kohle und schmeiß mir die Rechnung rüber.

Tankwart

Ich kann das nicht.
Das kost mich meinen Job.

Ich bin nur angestellt

Kunde

Ich auch

Tankwart

Ich mach die Preise nicht.

Kunde

Ich auch nicht, muss sie aber bezahlen.

Tankwart

Die Polizei ist schon unterwegs.

Kunde

Alles klar.

Wo sie nur war, als die Preise gestiegen sind?

Jetzt mach mal hinne, die andern wollen auch zahlen und
ich muss weiter

Zustimmendes Murmeln im Hintergrund

Also was ist, willste jetzt die Kohle oder soll ich so fahren?

Tankwart

Ich ...

Kunde

Ich auch.

Weißt du, du kannst mich mal.

Hier ist der Schein.

Die fünf Cent darfst du behalten!

Gruß an deine Zentrale, die sollen ihre Verluste ordentlich
abschreiben.

Und keine Buchungstricks!

Ich bin beim Finanzamt, wir haben euch schon lange auf
dem Kieker.

Auto innen

Radiobericht

Franz

Stahlharte Gesichter hier um mich herum im
Frühstücksraum.

Es ist sechs Uhr in der Früh.

An der Kante der Nacht.

Draußen türmt der Pazific seine pechschwarzen Wellen.

In einer halben Stunde kommt die Nachtschicht herein,
dann macht sich meine Truppe auf die Suche nach dem Öl,
das unserer Zivilisation Fortbestand garantiert.

Ein Knochenjob für die Männer und Frauen aus aller Welt.
Sie....

Nordwind schaltet das Radio aus und den Onboardcomputer an
Einschaltton und elektronisches Summen

Onboardunit

System bereit
Keine Störungen
Keine Angriffe
Bitte Daten eingeben
Achtung, eingehende Meldung
Auf Akustik schalten?

Nordwind *drückt Taste*

Sowieso

Kali

Hallo Partner!

Nordwind

Partner?
Bisschen viel am frühen Morgen

Kali

Du weißt, dass ich dich liebe.

Nordwind

Was habt ihr wieder angestellt?

Kali

Kleiner Test.
Nichts Außergewöhnliches.
Wie geht's bei euch?

Nordwind

Das willst du doch gar nicht wissen.
Auf jeden Fall planen und machen wir keine kriminellen
Sachen.

Kali

Was ist kriminell: eine Bank betreiben oder eine Bank
ausrauben?
Was treibst du am Nachmittag?

Nordwind

Mal sehen.

Kali

Sei nicht so zugeknöpft.
Für die Liebe findet sich immer Zeit.

Nordwind
>Die haben nach dir gefragt.

Kali
>Und du hast nichts gesagt.

Nordwind
>Was denn, ich kenn dich ja gar nicht.
>Ich gebe jedem eine Chance.

Kali
>Wir nicht.
>Denk an Rüsselsheim und den sibirischen Krieg

Nordwind
>Verstehe nichts

Kali
>Kommt noch. Ende.

Computer- und Fahrgeräusch

Nordwind
>Basis, bitte kommen.

Basis
>Ich höre.

Nordwind
>Bin kurz vor der Friedenspromenade.
>Normaler Verkehr, keine Besonderheiten.

Basis
>Pass auf, die Weißen sind überall.
>Die Benzinpreise purzeln und die Kunden sind außer sich.

Nordwind
>Ist doch löblich.

Basis
>Denkste, die wollen mittendrin alles in die Luft jagen.

Nordwind
>Das ist doch Wahnsinn!

Basis
>Da sind hunderte von Leuten, und es werden mehr.
>Kurz. Du musst Heliosbau stoppen.

Nordwind
>Ich kapier nicht.

Basis
>Die haben sich was Perfides ausgedacht: an der Tankstelle
>werden zurzeit Schweißarbeiten durchgeführt und zwar
>unmittelbar neben den Zapfsäulen bei laufendem Betrieb.

Nordwind
>Das verstößt doch gegen alle Sicherheitsvorschriften.

Basis
>Wen juckt das?
>Dergleichen ist überall gang und gäbe.
>Du glaubst doch nicht, dass die zusperren wegen solcher lächerlichen Vorschriften, das wär ja was ganz Neues.
>Da verlieren sie doch Geld.
>Bau- und Umbauarbeiten werden heutzutage stets bei laufendem Betrieb durchgeführt.
>Die Kunden freuen sich und die Beschäftigten haben gelernt es zu ertragen.
>Sie brauchen ihren Job.
>Nee und die Arbeiter tragen ja Helme.

Nordwind
>Die werden ihnen aber viel helfen bei ihrem Weg zum Mond.

Basis
>Manchmal geht's ja gut, aber diesmal gewiss nicht.
>Die Weißen haben nämlich an der Baustelle eine Sprengladung angebracht.
>Wenn die um Sieben ihre Schweißflammen gezündet hätten, wär die Anlage in die Luft geflogen.
>Aber Gott sei Dank sind die Arbeiter noch nicht angekommen.
>Die müssen jeden Morgen von auswärts rein und haben gestern gesoffen und sind wahrscheinlich im Verkehr hängen geblieben.
>Jetzt kommen sie über den Schatzbogen nicht mehr zur Tankstelle und müssen über die Friedenspromenade fahren.
>Da musst du sie stoppen.

Nordwind
>Ist es nicht besser, wenn wir die Polizei einschalten?

Basis
>Dann fliegt gleich alles in die Luft.
>Das lässt sich zwar nicht mehr als Unfall verkaufen, dessen Folgen sie uns in die Schuhe schieben können, weil wir Tankaktionen schon paarmal durchgeführt haben, aber das ist denen egal.

Nordwind
>Aber ...

Basis

Zwei unserer Fahrradkuriere sind kurz vor der Tankstelle.
Die werden sich um die Sprengladung kümmern, und du
hältst die Arbeiter auf, wenn sie bei dir aufkreuzen.

Nordwind

Wie heißt die Firma?

Basis

Heliosbau.

Nordwind.

Die fahren vor mir her.
Die sind jetzt an der Friedenspromenade und wollen
einbiegen.

Basis

Also, worauf wartest du?

Nordwind

Ich kann die Ampelschaltung manipulieren, aber nicht auf
Dauer.

Basis

Das reicht nicht, du musst das Auto anhalten.
Die Kuriere brauchen noch.

Nordwind

Die fahren einen alten Diesel.
Da bringts nichts, wenn ich die Elektronik angreife, der hat
keine, der Motor tuckert weiter.

Basis

Dann ramm ihn!

Nordwind

Dann fliege ich auf, mein Wagen ist voller Elektronik.
Moment, vielleicht geht das, da kommen Streifenwagen.

Basis

Halt die raus, sonst zünden die.

Nordwind

Ich mach schon, keine Sorge

Schaltet und redet. Elektroniksummen

Nordwind

Anomalie aufbauen!
Volle Stärke.
30 Grad maximal

Onboardunit

Leistung 20%, 30%. 40%
Winkel berechnet und gepegelt.

Gehe auf volle Leistung.

Einsatzzentrale der Polizei

Müller

An alle Einheiten!
Wo bleibt ihr?
Standort bitte!

Funk

Häng am Schatzbogen fest.
Keine Chance durchzukommen.

Müller

Gib Signal und treib sie weg!

Funk

Wohin denn um Gottes willen!
Die Straßenränder sind verparkt und die Einfahrten
zugestellt.
Null Chance.

Müller

Und die anderen Einheiten?
Kollegen jetzt macht mal hinne!
Die Lage spitzt sich zu.

Funk2

Ich steh am Eingang zur Friedenspromenade, dort sind vier
Einheiten festgefahren, die Elektronik ist ausgefallen, die
Kollegen sind ratlos.

Müller

Was heißt ausgefallen?

Funk2

Da geht nix mehr.
Zündung ist tot, Strom, alles.
Die kriegen selbst die Türen nicht auf, weil die
Zentralverriegelung blockiert ist.
Sehen aus wie grüne Schildkröten, die auf dem Rücken
liegen.
So ein Idiot!

Müller

Was, welcher Idiot, was ist passiert?

Funk 2

Ein Kleinbus wollte über den Mittelstreifen daran vorbei,
aber der ist zu hoch und die Mistkarre ist umgekippt.

Müller

Und warum fährt der noch?

Funk2

Jetzt nicht mehr.
Bauarbeiter kriechen aus dem Fenster.
Das ist ein alter Diesel.

Funk

Die haben eine Anomalie aufgebaut und die Elektronik
lahmgelegt.
Das ist wie in Karpatsch in Polen nur andersrum.
Dort kannst du fahren, ohne die Zündung einzuschalten.

Müller

Red keinen Unsinn Kollege!

Funk

Ich hab da im Urlaub gemacht und weiß das.
Zumindest auf einer Straße ist das so.

Müller

In Polen ist alles möglich, alles klar.

Funk

Und wo bleiben die Aristonleute?

Müller

Die sitzen in der Tiefgarage fest.
Die Tore gehen nicht auf.

Funk2

In ihrer eigenen Falle gefangen, höchst bemerkenswert.

Funk

Sag ich doch, wie in Karpatsch, das hieß früher
Krummbügel, schöner Ort.

Müller

Kollege, jetzt reichts!
Dann müsst ihr zu Fuß weiter.

Funk2

Und den Wagen stehen lassen?

Funk

Du kannst ihn ja in deiner Hosentasche mitnehmen.

Funk2

Ich bin doch nicht bei der Infanterie.
Stalingrad und son Scheiß.

Müller

Ihr müsst hin und den Wahnsinn stoppen.
Egal wie.

Auto innen

Nordwind
> Basis bitte kommen!

Basis
> Ich höre

Nordwind
> Ich hab die Arbeiter angehalten
> Wenn sie es denn sind.
> Aber ich empfang starke Signale aus Südwest.
> Meine Anlage fährt auf Höchstleistung.
> Kann es noch eine Viertelstunde halten.

Basis
> Das genügt.
> Die Kuriere sind vor Ort.
> Sie haben einen Schirm aufgebaut und kümmern sich um
> die Sprengladung.
> Ortest du Weiße in der Gegend?

Nordwind
> Bisher nicht.
> Aber da nähern sich zwei Fahrzeuge.
> Nein, die fahren auch in die Anomalie.
> Nee, das sind Privatwagen.

Basis
> Wenn die näher kommen wollen, müssen sie über die
> Friedenspromenade.
> Durch den Schatzbogen kommst du nur zu Fuß.
> Dein System sollte denen überlegen sein.

Nordwind
> Solange ich genug Stoff habe.

Onboardunit
> Neue Meldung, soll ich aufspielen?

Nordwind
> Na klar doch.

Benno
> Hallo N, was ist los am Schatzbogen?

Nordwind

Benno
Schatzbogen?

Wir kriegen Anrufe, dass dort eine Benzinaktion von Ariston läuft.

Die verschenken ihr Benzin.

Nordwind
Ist doch wunderbar.

Benno
Das glaubst du doch selber nicht.

Das wär der erste Konzern.

Ihr habt doch die zwei Aktionen durchgeführt.

Nordwind
Keinen Schimmer, wovon du redest.

Warum fragt ihr nicht bei Ariston nach?

Benno
Alles blockiert, die Leitungen sind überlastet.

Nordwind
Ja dann.

Benno
Ich weiß, dass ihr das seid.

Nordwind
Null, und nerv mich nicht.

Benno
Ich merk mir das.

Nordwind
Nimms nicht krumm, ich meld mich, sobald ich was weiß.

Zentrale der Polizei

Funk
Zentrale bitte melden!

Müller
Was gibt's?

Funk
Lage unter Kontrolle.

Müller
Genauer!

Funk
Objekt am Schatzbogen gesichert und Täter in Gewahrsam.

Müller

Sie haben was?

Funk

Alle verhaftet und die Tankstelle abgeriegelt.
Aus dem Kassenraum kommt keiner mehr raus.

Müller

Wie viele Einheiten sind vor Ort?

Funk

Ich und der Kollege Huber.
Sowie Kollege Hirt, dessen Funkgerät ich benutze.
Er ist außer Dienst und wollte mal billig tanken, das heißt,
er hat getankt, will uns aber jetzt unterstützen.

Müller

Sind Sie wahrsinnig Mann?!

Funk

Wieso? Kollege Hirt zeigt sich einsichtig.
Er ist außer Dienst, wie gesagt, kam gerade von der
Nachtschicht.
Er hat Frau und Kinder und Sie kennen ja unsere
Besoldungslage.
Der muss auch jeden Cent umdrehen.
Klar dass er solche Gelegenheit nutzt.
Das macht jeder.
Sein Wagen steht noch an der Säule.
Ich hab ihm gesagt, wenn er die Differenz zum regulären
Preis bezahlt, wobei wir natürlich noch feststellen müssen,
wie hoch der jetzt ist, Sie wissen ja die wechseln auch ohne
Anomalie stündlich, dann sorge ich dafür, dass er keine
Probleme kriegt.
Das nehm ich auf meine Kappe.

Müller

Setzen sie ihre Kappe auf und verfügen Sie sich hierher,
und den Mann lassen Sie fahren.
Heim zu Frau und Kindern.

Funk

Aber...

Müller

Kommen sie unverzüglich in die Zentrale zurück!

Funk

Ich hab über dreißig Personen festgesetzt.
Soll ich die mitbringen?
Wie stellen Sie sich das vor?
Einige lassen sich nur mit gezogener Waffe festhalten.

Die Lage ist ernst.
Das ist auf der Straße nicht mehr so wie zu der Zeit, als sie noch auf Streife waren.
Jetzt ist auch noch der Strom ausgefallen.
Es sind allerdings zwei Techniker da, die das reparieren wollen.
Der Tankwart kriegt seine Kasse nicht zu, wenn ich da weggehe, klauen die Leute ihm die Einnahmen, die sind zu allem fähig.

Müller

Lassen Sie die Leute in Ruhe und kommen Sie!

Funk

Jetzt sofort?

Müller

Wenn Sie noch mal fragen, hole ich sie persönlich ab.

Funk

Das...

Müller

Das ist ein dienstlicher Befehl.

Funk

Wenn Sie meinen.
Aber ich sag Ihnen gleich, das wird den Leuten gar nicht gefallen.
Durch die Festnahme sind sie derart aufgebracht, wenn ich die jetzt wieder frei lasse, drehen die komplett durch.

Müller

Sofort!

Funk

Einer arbeitet sogar bei Ariston.
Der ist dort Pförtner, auf 400 Euro Basis, der wollte auch tanken.
Der kann sich ja das Zeug sonst nicht leisten, das er bewachen muß.
Wird Zeit, dass Aldi und Lidl endlich Tankstellen einrichten, damit für die Billiglohngruppen auch mal ein Tropfen abfällt.

Müller

Was faseln sie über Billiglohngruppen?
Erfüllen Sie lieber Ihre Pflicht und tun Sie, was ich Ihnen sage.
Ariston hat anders entschieden.
Die wollen das selber regeln.

Funk

    Ariston?

    Müssen wir jetzt machen, was die sagen?

Müller

    In die Zentrale, sofort!

Funk

    Gut ich komme.

    Wir kommen.

    Aber es kann dauern, unser Einsatzfahrzeug ist nämlich komplett blockiert.

    Da ist nix mit fix und sofort, auch ich bin Beamter.

Auto innen

Nordwind

    Kali, bitte melde dich!

Funkgeräusche

Nordwind

    Kali, verdammt noch mal!

Kali

    Du brauchst mich also doch.

Nordwind

    Was ich brauche ist eine Tasse Kaffee

Kali

    Bei Fred?

Nordwind

    Zuviel los!

Kali

    Zu mir können wir nicht.

Nordwind

    Du weißt, dass wir überhaupt keinen Kontakt haben dürften.

Kali

    Tatsächlich?

    Das ist aber schade.

Nordwind

    Schwarz und weiß, das geht nicht zusammen.

Kali

Funktioniert aber ganz gut, wenn ich mich recht erinnere.

Nordwind

Die alte Aljuscha trägt Brot zu ihrem Haus.

Kali

Was?

Nordwind

Nichts.

Kali

Denkst du über die Welt nach?

Nordwind

Über dich.

Sag mal, was treibt ihr am Schatzbogen?

Kali

Null Ahnung.

Nordwind

Aber ich weiß, dass ihr sprengen wolltet.

Kali

Du, ich muss jetzt Schluss machen, ich krieg eine Meldung.

Nordwind

Kali!

Kali

Tschüß, mein Liebling!

Radiomusik

Radiosprecher

Wir unterbrechen unseren beschwingten Gang in den Tag
mit einem Bericht unseres Benno über eine einzigartige
Werbeaktion von Ariston.
Benno bitte!

Benno

Ja Guten Morgen liebe Hörer und Hörerinnen!
Etwas Besonderes ist geschehen in unserer Stadt.
Der mächtige und allbekannte Ölmulti Ariston verkauft sein
Benzin für 20 Cent den Liter.
Unvorstellbar?
Nicht für 20 Euro, pardon fast 2 Euro wie noch vor kurzem,
nein, für 20 Cent.
Das glauben Sie nicht?
Dann fahren sie zur Tankstelle am Schatzbogen, dann
können Sie sich selbst davon überzeugen.
Bei mir im Studio ist der Pressesprecher des Konzerns.

Vielleicht kann er uns Auskunft geben über diese
überraschende Aktion.

Ariston

Nun, so überraschend ist das nicht.
Die kundenfreundliche Werbeaktion ist von langer Hand
vorbereitet und nur ein Steinchen in unserer Strategie, mit
der wir unsere treuen und zufriedenen Kunden auch in der
nächsten Zeit überraschen und fester an uns binden
werden.

Benno

Überraschend ist es in der Tat, denn von dieser Aktion war
im Vorfeld nichts bekannt.
Auch wir selbst haben davon erst durch Anrufe unserer
aufmerksamen Hörer erfahren.
Wie kommt es, dass Sie die Medien da raus hielten und erst
jetzt Auskunft geben?
Übrigens vielen Dank, dass sie so rasch Zeit für uns
gefunden haben.

Ariston

Wir arbeiten gern mit den Medien zusammen.
Sie wissen das, schließlich sind sie unserer wichtigsten
Partner, auch dann, wenn es schwierige Entscheidungen zu
vermitteln gilt.
In diesem Fall haben wir eine andere Strategie gewählt.
Wir haben uns direkt an unsere treuesten Kunden gewandt.
Und wer sind diese?
Es sind die Pendler und jene vielen tausend Menschen, die
sich jeden Morgen zur Arbeit aufmachen und jene, die von
der Nachtschicht heimkehren.
Ihnen haben wir dieses Geschenk zugedacht.

Benno

Nun haben wir gehört, dass Sie die Preise nicht auf einen
Schlag gesenkt haben, sondern diese kontinuierlich runter
gingen, eben bis zu diesem unglaublichen Stand von 20
Cent pro Liter.
Also nicht den letzten bestraft das Leben, sondern den
ersten, wenn ich mal einen ja bekannten Ausspruch zitieren
darf.

Ariston

Wir haben gute Werbeleute und wissen Sie, von den Russen
brauchen wir keine Ratschläge.

Nein, wir wollten die Kunden nicht mit vollendeten Tatsachen konfrontieren.
So wie es zuweilen unerlässlich ist, die Preise moderat wirtschaftlichen Gegebenheiten anzupassen, so wollten wir sie in diesem Falle herabsenken.
Der Weg ist das Ziel.
Das ist unsere Philosophie nach der wir mit unseren Kunden umgehen wollen, denn diese, und hier meine ich unsere zufriedenen Kunden, sind unser wichtigstes Kapital, um das wir uns kümmern müssen.

Benno

Nun ist mir aus unterschiedlichen Quellen allerdings zugetragen worden, dass selbst der Tankwart von dieser Aktion überrascht wurde.

Ariston

Nun überrascht...

Benno

Und es heißt, dass es zu einer Polizeiaktion kam mit zahlreichen Festnahmen.
Kann es sein, dass...

Ariston

Ich weiß nicht, woher Sie diese Information haben wollen.

Benno

Und es heißt weiter, dass nicht Sie die Preise gesenkt haben, sondern sie sollen irgendwie manipuliert worden sein und...

Ariston

Das ...

Sprecher

Wir unterbrechen unser Hintergrundgespräch zu der unglaublichen Aktion von Ariston....
Im Hintergrund

Ariston

Die Frage war nicht abgesprochen.
Was fällt Ihnen ein?

Sprecher

..... und senden Schallplattenmusik

Musik hoch

Auto innen

Kali

Das ist der Gipfel.
Sie vermarkten selbst ihre Niederlage

Nordwind

Was hast du erwartet?

Kali

Wir werden es ihnen zeigen!

Nordwind

Indem ihr alles in die Luft jagt?

Kali

Das war für euch gedacht.

Nordwind

Die Bombe war echt.

Kali

Nein.

Nordwind

Doch!
Wir haben sie nämlich entschärft.

Kali

Glaub ich dir nicht.
Aber so leicht kommen die nicht davon.
Es gibt zu viele Zeugen.

Nordwind

Die einen sind froh, dass sie billig getankt haben und die anderen kommen nicht zu Wort.

Kali

Das werden wir ja sehen.

Nordwind

Wer die Macht hat in den Medien, bestimmt was ist und was nicht ist.

Kali

Nicht mehr, seit es das Internet gibt.

Nordwind

Im Internet ist auch zu lesen, dass Atlantis 2001 vor der indischen Küste entdeckt wurde.

Kali

Was soll das jetzt?

Nordwind

Zweifelsfrei und das ist eine Sensation, nur ging die Nachricht im Umfeld von 9/11 unter und diejenigen, die davon erzählen gelten als Spinner und Narren.

Kali

Diese Aktion war ein erster Test.
Wir haben noch andere Pläne.

Nordwind

Klar, alles in die Luft zu jagen.

Kali

Du kapierst nichts.
Ariston wusste, was wir vorhatten.

Nordwind

Glaub ich nicht.

Kali

Träum mal schön. Mein Süßer.
Und denk dran, wenn du wieder kommst, blühn schon die Bäume.

Nordwind

Was....

Kali

Das hat meine Mutter gesagt, als ich das erste Mal zum Studium fort ging.

Radio wieder

Radiosprecher

Liebe Hörer und Hörerinnen, entschuldigen Sie bitte diese unerwartete und auch tragische Unterbrechung unseres Berichts über die grandiose Werbeidee von Ariston.
Unser Benno erlitt im Studio einen Schwächeanfall.
Sie sehen, auch wir vor dem Mikrophon sind nur Menschen.
Doch Benno geht es schon wieder besser, allerdings kann er das Gespräch nicht fortführen.
Das übernimmt nun der Franz.

Franz

Ja, Benno, erhol dich gut, du weißt wie wichtig deine kritische Stimme in unserem Haus ist.
Machen wir also weiter.
Wir waren mitten im Gespräch mit dem Pressesprecher von Ariston, der uns ein wenig den Hintergrund der einfallsreichen Werbestrategie erläuterte.

Ich muss sagen, als ich davon hörte, war ich wohl ebenso überrascht und begeistert wie jeder Hörer.
Welch großartig kreatives Potenzial haben Sie in Ihrem Haus.
Und auf welche weiteren Einfälle können wir uns in Zukunft freuen?

Ariston

Nun, wie ich schon ausführte, sind wir ein kundenorientiertes Unternehmen.
Der Kund steht stets im Mittelpunkt unseres Denkens und Handelns.

Franz

Das kann ich nur bestätigen.
Auch ich bin ja Ihr Kunde und fahre nur Ihr Qualitätsbenzin.
Wie Sie wissen, hatte ich jüngst Gelegenheit Ihre Bohrplattform am Mariannengraben zu besuchen.
Ich war beeindruckt und überwältigt von ihrem Kampf gegen die unerbittliche Natur und von den unmenschlichen Anstrengungen, die ihre Mitarbeiter auf sich nehmen müssen, um ihr die Schätze zu entreißen, die auch in Zukunft unsere Energieversorgung sichern.

Ariston

Nun es ist kein Kampf gegen die Natur, sondern ein Kampf gegen die Naturgewalten und Bedingungen.

Franz

Genau das meine ich, dennoch...

Ariston

Und unsere Experten auf diesen Plattformen gehören zu den höchstbezahlten Mitarbeitern in unserem Unternehmen.

Franz

Das versteht sich von selbst, doch sind das immense Kosten, die Sie auf sich nehmen müssen.
Humane Kosten einerseits und enorme, unvorstellbare Summen für Logistik und Ausrüstung.

Ariston

Die sind in der Tat beträchtlich.
Doch hier haben wir keine Alternative.
Es gilt die Zukunft zu sichern und da kann uns kein Preis zu hoch sein.
Ohne Energie kein Fortschritt und – dramatischer noch – keine Gegenwart.

Wir brauchen Energie, sie ist das Lebenselixier der
modernen Gesellschaft.
Wir brauchen die Sicherheit, dass....

Franz

Sicherheit!
Sie bringen es wie stets genial auf den Punkt.
Sicherheit ist ein gutes Stichwort.
Auch ich überlege ernsthaft, mir endlich einen der neuen
großen Geländewagen zu kaufen, die unsere deutschen
Autobauer anbieten.
Ich habe zwei kleine Kinder.
Maximilian ist drei und sein Schwesterchen Anette wird
bald zwei.
Sie kommen jetzt in den Kindergarten.
Ich bin mir mit meiner Frau einig, dass unser Nachwuchs
nicht mit irgendeinem Kleinwagen jeden Tag zum Kiga
gebracht werden kann.
Das ist viel zu gefährlich!
Wie schnell kann etwas passieren bei dem heutigen
Verkehr.
Nein, meine Frau braucht ein sicheres Auto.
Das kostet zwar etwas, liegt auch im Verbrauch höher, aber
Sicherheit geht uns über alles.

Ariston

Nun auch die Kleinwagen haben heute gute
Sicherheitsstandards.
Und wir müssen auch an jene denken, die sich keine großes
Auto leisten wollen oder können, und der Verbrauch....

Franz

Sie meinen Kleinvieh macht auch Mist?

Ariston

Wie bitte?

Franz

Ein kleiner Scherz.
Wir wollen doch unser Gespräch nicht nur im
Akademischen halten, sondern für die Hörer etwas
auflockern.
Natürlich muss es auch Kleinwagen geben, aber, und sie
haben ja auch Vorteile, gerade wenn ich an die
Parkplatzsituation in unseren Großstädten denke.
Nun, wie auch immer, wir danken für das Gespräch und
harren der weiteren Überraschungen, die sie wie stets

zuverlässig uns bescheren werden, denn dafür steht
Ariston, wie jeder weiß und heute aufs Eindrücklichste
bewiesen wurde.
Ich freue mich auf Ihre nächste Pressekonferenz.
Zurück zur Morgenmusik

Radiomusik hoch, doch durch Fehlschaltung noch einmal unterbrochen

Redakteur

Gut, ein perfektes Gespräch.
Ich denke, Sie sind zufrieden, Sie konnten Ihre Botschaft
wunderbar rüberbringen.

Ariston

Was ist das für ein Idiot?
Der ist doch noch bescheuerter als dieser Benno.
Den Unsinn nimmt uns doch keiner ab.
Ihre Bohrplattform am Mariannengraben!
Hat der eine Ahnung wie tief der ist?
Der weiß doch noch nicht einmal, wohin wir ihn eingeladen
haben.
Kleinvieh macht auch Mist!
Das stimmt!

Redakteur

Der Kollege wollte einfach die Situation ein wenig entzerren.

Ariston

Der eine macht auf Wallraff, der andere auf Gottschalk.
Habt ihr denn keinen, der etwas von ordentlichem
Journalismus versteht?
Also wohlwollende Berichterstattung ist okay und auch im
Sinne der Rolle der modernen Medien, aber das bedeutet
doch nicht dümmlich Lobhudeln.
So bescheuert sind eure Hörer nun tatsächlich nicht.

Redakteur

Energiefragen sind ein kontroverses Thema, denken Sie an
die Kernenergie, auch da...

Ariston

Mumpitz!
Wenn Ihre Leute weiter solchen Unsinn verzapfen, können
Sie in Zukunft unsere Werbeminuten in den Wind schreiben.

Redakteur

Benno...

Ariston

Wo steckt eigentlich dieser Benno?

Redakteur

Kollege Benno musste unser Haus verlassen.

Wir bedauern diese Entscheidung natürlich, aber...

Radiosprecher

Und jetzt der angekündigte Bericht über Rüsselsheim

Nachdenkliches

Von Benno

Ariston

Und wieso sendet ihr jetzt noch was von dem?

Redakteur

Ach, die Wildschweingeschichte, die ist harmlos.

Ariston

Ich denk, ihr habt den rausgeschmissen?

Redakteur

Rausgeschmissen, so geht das bei uns nicht zu, das
geschah in gegenseitigem Einvernehmen.

Der Kollege wollte sich verbessern.

Ariston

Der Prophet gilt nichts im eigenen Lande.

Das kenn ich.

Redakteur

Außerdem ist der Bericht fertig und bezahlt.

Also wird er gesendet.

Wir haben nichts zu verschenken.

Wir können nicht einfach die Preise hochschrauben, wie es
uns passt und Geld drucken, wie ihr das macht.

Wir sind von der Politik abhängig und das wissen Sie ja, wie
es dort zugeht.

Da muss man viel Fingerspitzengefühl haben.

Wir leben ja schließlich in einer Demokratie.

Ariston

Wer, Sie?!

Ich geh dann mal lieber.

Redakteur

Ich bring Sie zur Tür.

Ariston

Die find ich alleine

Radiobericht

Benno

Die Nachricht über die Ereignisse in Rüsselsheim erreichte die Welt über AP gestern am 4. Mai um 16.32 Uhr. Auf erschreckende Weise macht sie klar wie instabil die Ordnung in unseren Städten ist, wie gefährlich das Leben. Insbesondere der letzte Absatz der Meldung wirft Fragen auf. Hier der Wortlaut.

„Kurz danach brach die restliche Wildschweinrotte in Richtung Innenstadt aus. Von 12.50 Uhr bis 13.45 Uhr lieferten sich die verbliebenen sechs Tiere eine Verfolgungsjagd und Schießerei mit der Polizei, der schließlich alle Wildschweine zum Opfer fielen."

Zu fragen ist, wer die Wildschweine bewaffnete, wer überhaupt Waffen liefern kann?

Dies zu klären, müsste der Informant bei AP sein Schweigen brechen.

Kann es sein, dass es sich um eine bisher unbekannte Gruppe arabischer Terroristen handelt? Bedeutete dies eine neue Form der Bedrohung nach 9/11? Wie gefährlich kann dies in der Zukunft sein? Wer war der Anführer? Von wem erhielten sie ihre Befehle?

Oder ist das Problem hausgemacht? Vergessen wir nicht, dass bei der Bayernwahl die Regierung abgewählt wurde und die alten Kräfte um Stoiber offensichtlich die Oberhand gewannen. Ist es möglich, dass der Waffenhändler Schreiber, der angeblich gute Kontakte zu dieser politischen Gruppierung unterhält, sich mit dieser spektakulären Aktion aus Kanada zurückmeldet? Interessant wäre zu wissen, ob die Wildschweine Kalaschnikows trugen.

Dies könnte auf eine russische Spur hindeuten.

Nach Georgien Rüsselsheim?

Auto innen

Basis

Bitte melden!

Nordwind

Bin drauf.

Basis

Irgendwelche Beobachtungen?

Nordwind

Seit die Aktion abgeschlossen wurde, ist alles ruhig.

Basis

Wir prüfen, ob die noch was in Hinterhand haben.

Nordwind

Glaub ich nicht, die sind sauer.

Basis

Woher willst du das wissen?

Nordwind

Denk ich mal.

Basis

Die schäumen, aber die sind auf ihre neuen Nullleitung und da kommen wir noch nicht rein.

Nordwind

Gibt es Hinweise, dass Ariston ein doppeltes Spiel spielt?

Basis

Wieso?

Nordwind

Ich dachte nur.

Basis

Unser Mann im Sender, der die Schaltungen manipuliert hat, hat den Pressesprecher beobachtet, der war wirklich aufgebracht.
Der hat keine Ahnung oder er ist ein guter Schauspieler.

Nordwind

Der Pressesprecher wird als letzter eingeweiht.

Basis

Das ist richtig, aber wir haben keine konkreten Hinweise, obwohl manches seltsam ist.

Nordwind

Mein ich auch.

Basis

Wie auch immer, auf jeden Fall werden wir die Augen offen halten.
Ich hör gerade, dass wir jetzt die Leitung geknackt haben.

Nordwind

Und?

Basis

Hektik, aber die sind wohl überrascht.
Waren sich zu sicher.

Nordwind
>> Und wir machen weiter?

Basis
>> Wie geplant.

Nordwind
>> Gut, ich melde mich.

Onboardunit
>> Eingehendes Gespräch aufspielen?

Nordwind
>> Logo.

Benno
>> He Nordwind, ich bin rausgeflogen.

Nordwind
>> War zu erwarten.
>> Du spinnst ja auch.
>> Wie kannst du so was fragen.

Benno
>> Wieso, stimmt doch.

Nordwind
>> Du hast deinen Beruf einfach nicht verstanden.

Benno
>> Noch ist nicht aller Tage Abend.

Nordwind
>> Na wunderbar.

Benno
>> Kann ich nicht bei euch unterkommen?

Nordwind
>> Glaub ich nicht.
>> Ruf mal Kali an.

Benno
>> Die ist doch von der Gegenpartei.
>> Du kennst sie?

Nordwind
>> Selbstverständlich nicht.

Benno
>> Da kapier einer was.

Nordwind
>> Keiner weiß mehr, Brinkmann 1968.

Benno
>> Warum gibt's dergleichen nicht mehr?
>> Heute schreibt der Schmidt über seine 1500 Frauen, die er
>> gehabt hat.

Nordwind
>	Erstaunlich.

Benno
>	Ihr ward beteiligt an der Aktion.

Nordwind
>	Wir wussten davon, klar.

Benno
>	Du hättest mich warnen können.

Nordwind
>	Jetzt nerv nicht, ich hör grad deinen Bericht.

Benno
>	Der ist nicht übel

Nordwind
>	Lässt sich anhören.

Radiobericht
Benno
>	Doch warum ausgerechnet Rüsselsheim?
>	Wie viel Russen wohnen dort? Sind sie organisiert? Auffällig?
>	Beharren sie auf ihrer Sprache, ihren Sitten, Gewohnheiten?
>	Suchen sie Anschluss an Russland?
>	Die russische Spur gewinnt an Gewicht durch Berichte aus
>	dem ehemaligen Ostpreußen.
>	In Krynica Morska, dem früheren Kaltenberg, einem
>	beschaulichen Badeort am Stillen Haff ist das Phänomen
>	seit Jahren bekannt. Dort, unweit zur Grenze zum russisch
>	besetzten Königsberg tauchen Nacht für Nacht
>	Wildschweinrotten auf. Sie streifen über Wege und durch
>	die Parks und Gärten der Hotels und Pensionen. Allerdings
>	geben sie sich friedlich und sind angeblich nur auf der
>	Suche nach Nahrung, die ihnen von den Urlaubern, wenn
>	auch gegen die Vorschriften der Hotelbesitzer reichlich von
>	den Balkonen zugeworfen wird. Besonders Kinder und
>	Jugendliche beteiligen sich begeistert an diesen
>	Fütteraktionen.
>	Eine perfide Taktik der Hintermänner, die Einfalt der
>	Jugend zu missbrauchen; vermutlich bestens orientiert und
>	geschult an den erfolgreichen Bemühungen der
>	Handyindustrie, die von Anfang an diese
>	Bevölkerungsgruppe als Hauptzielgruppe betrachtet.

Frühmorgens ziehen sich die Rotten in ihre Basen zurück und verbringen dort den Tag, bis sie abends wieder auftauchen.

Allem Anschein nach sind sie unbewaffnet.

Sind dies Späher, Spione, Vorauskommandos, die die Lage nur erkunden und die Aufmerksamkeit einschläfern sollen?

Gibt es Verbindungen der Rotten in Kaltenberg zu jener in Rüsselsheim, wo sich offensichtlich eine neue Qualität des Auftretens ausmachen lässt?

Gibt es ähnliche Ereignisse in anderen Regionen? In Österreich vielleicht, das doch am einfühlsamsten auf politische Stimmungen reagiert, wie die jüngsten Wahlen zeigen?

Ist es ein lokales Phänomen oder ein europäisches? Wieso sind dann die Kommissionen der EU untätig? Schläft Brüssel? Wie lange noch?

Vor allen Dingen, schläft die polnische Regierung, der Präsident?

Wieso fährt er nach Georgien und hält dort eine Rede, nicht aber nach Kaltenberg? Oder nach Rüsselsheim?

Wo bleiben die Stimmen der Balten? Der Litauer, Esten und Letten? Wollen sie das Leck in ihrem Raum nicht wahrnehmen und der Welt weismachen, dass dies alles geschehen kann ohne dass das Hinterland etwas mitbekommt?

Gibt es Schleußerwege in ihren Ländern?

Ausbildungscamps? Sind sie blind?

Handelt Politik immer erst dann, wenn das Kind in den Brunnen gefallen ist, resp. noch mehr Wildschweine nach Westeuropa durchgebrochen sind?

Ausschank innen

Müller

    Inge, schalt das Radio ab!

Inge

    Nö. Ist spannend!

Funk

    Laß uns zuhören!

Müller

    Bin ich bescheuert?

Ich weiß besser als die Pfeife, was bei uns los ist.

Funk2

Ich bin zur Polizei gegangen um der Gerechtigkeit zu
dienen.

Funk

Ich auch.

Müller

76 bin ich zur Truppe gekommen.
Damals war noch Ordnung in der Welt.

Funk2

Das war noch vor Kohl.

Müller

Genau.

Funk

Wer ist Kohl?

Müller

Den haben wir nie dran gekriegt.

Funk

Aha!

Funk2

Solche kriegst du nie.
Je größer die Gaunereien, desto geringer sind die Chancen,
dass man denen was anhaben kann.

Müller

Der hat das Sozialsystem an die Wand gefahren und die
Gemeinschaft kaputt gemacht.

Funk2

Sag das mal laut.

Müller

Ich sag, was ich denke.
Ich bin besoffen.

Funk

Ich kapier nicht, von wem ihr redet.
Kohl, nie gehört.

Müller

Trinken wir noch einen.

Funk2

Aber immer.

Müller

Saufen ändert zwar nichts, aber es lindert die Schmerzen.

Funk

Aber du fährst nicht mit deinem Wagen heim.

Müller

Doch.
Ich sauf unter polizeilicher Aufsicht.

Funk

Diese digitalen Angriffe.
Wieso müssen wir uns eigentlich um den Kram kümmern?
Wir sind doch nicht bei der Kripo.
Überhaupt ist das Sache vom Staatsschutz.

Müller

Zuerst mal kommt alles zu uns.
Wir sind das Fußvolk.

Funk2

Wir wissen was los ist.

Funk

Das wissen die Kollegen auch.

Funk2

Aber die wollen es nicht wahrhaben.

Müller

Wollen schon, aber die dürfen nicht.
Die machen nur das, was ausdrücklich erlaubt ist, und
selbst da flattern ihnen die Nerven.
Die haben schon die Hosen voll, bevor sie scheißen
müssen.

Funk2

Also trinken wir weiter.

Funk

Ihr sauft ja to le.

Funk2

Wer nicht säuft, lebt nicht.

Müller

Weißt du bei uns ist es anders, als bei den Berliner
Kollegen, die haben ja ein totales Alkoholverbot,
Die dürfen ja nicht mal mehr ein Bier trinken.

Funk2

Ist nicht wahr.

Müller

Doch. Seinerzeit in den Siebzigern sind die aufgefallen, weil
sie bei den Verkehrskontrollen mehr herumgetorkelt sind
als die Autofahrer und einer von denen, der nachts noch
nüchtern war, hat sie eben angezeigt.
Seitdem ist Schluß mit lustig

Funk2

    Bei uns in Bayern kann so was nie passieren, weil da hat
    der Bürger ein anderes Verhältnis zur Obrigkeit.

Müller

    Genau, allerdings mein ich, breitet sich auch hier bei den
    jungen Kollegen inzwischen die Wassersucht aus.
    Die werden bald Taschen für die Wasserflaschen an die
    Uniform nähen müssen.

Ausschank innen und Bericht weiter

Benno

    In dem AP Bericht heißt es, eine Beamtin habe als Erste
    geschossen.
    Wie ist ihr Name? Warum gerade sie, die offensichtlich
    nicht ausreichend ausgebildet war und daneben schoss, so
    dass ein erstes Wildschwein in den Ostpark entkam.
    Ostpark · Namen sind Hinweise!
    Für ihre Ausbildung ist sie nicht verantwortlich zu machen.
    An Ausbildung haperts allerorten. Betrachten wir doch die
    Ausbildung der 30jährigen BWLer, die seit langem unter
    den wohlwollenden Blicken der Aufsichtsräte von Banken
    und Versicherungen das Geld der Kunden verzocken.
    Immerhin erkannte die Beamtin die Gefahr, die ihre
    vermutlich männlichen und älteren Kollegen
    unterschätzten.
    „ Nach den Ermittlungen der Polizei war die Rotte gegen
    09.19 Uhr im und vor dem Vorgarten eines Hausbesitzers
    entdeckt worden. Offenbar hatten sie sich durch den Zaun
    einen Zugang verschafft. Die herbeigerufene Polizei
    umstellte das Gelände und versuchte mit Warnfackeln,
    einem Diensthund und zwölf Beamten, die Tiere in den
    Garten zu treiben, um sie dort festzusetzen und eine
    Gefährdung des Autoverkehrs verhindern." heißt es in dem
    Bericht.
    Stimmt das und wieso konnten die Schweine entkommen?
    12 Beamte und ein Diensthund gegen 7 Wildschweine.
    Warum wurden nicht mehr Kräfte angefordert?

Auto innen

Nordwind
>Ich fahr jetzt los.

Basis
>Wie abgesprochen.

Nordwind
>Minus 30 Minuten.

Basis
>Bestätigt.

Nordwind
>Alles klar!

Radio wieder hoch

Benno
>Und wo war die Bevölkerung?
>Die Aktion begann um 9.19 Uhr und dauerte bis 13.45 Uhr.
>Während dieser viereinhalb Stunden tauchte offensichtlich
>nur eine ätere Dame auf, die vor Schreck hinstürzte.
>Waren die übrigen Bewohner Rüsselsheims schon auf der
>Flucht? Hinweise auf Autoverkehr in dem AP Bericht deuten
>auf diese Möglichkeit hin.
>Hundert Schüsse angeblich auf Seiten der Polizei.
>Wie viele auf Seiten der Wildschweine bei diesem
>Schusswechsel? Üblich ist doch sonst auch die ausführliche
>Darstellung der Aktionen der Gewalttäter.
>Warum schweigt der Bericht darüber und es ist nur vage
>von Schiesserei und Verfolgungsjagd die Rede?
>Fragen über Fragen.
>Oder handelt es sich gar um Ökoterroristen? Beginnt
>Armageddon?
>Diesmal ist es der Staatsmacht in heldenhaftem Kampf
>gelungen, den Gegner zurückzuschlagen und zu vernichten.
>Wie lange noch? Ist es erst der Anfang oder sind wir schon
>mitten drin im letzten Kampf.

Überblenden in Schlager .... Ich düse düse ...

Ende

Der Klang von Davids Harfe in den
Weiden des Nil

Personen:
Müller
Funk
Berger
Nordwind
Onboardunit
Basis
Kali
Benno
Franz
Radiosprecher
Redakteur
Lerner
Fernsehsprecher

Im Zimmer von Kali

Nordwind

    Bis um neun Uhr im Bett iegen und träumen von der Welt

Kali

    Das ist vorbei

Nordwind

    Alles bleibt.

Kali

    Warum lebst du alleine?

Nordwind

    Hab ich nicht dich?

Kali

    So fern.

Nordwind

    Aus südlichen Gestaden.

Kali

    Aus amerikanischer Nacht.

Nordwind

    Nicht Truffault.

    Ich red von der Moravischen Nacht.

Kali

    Kaum, dass wir versuchen zu sein, was wir sind.

Nordwind

    Ich liebe Abenteuergeschichten.

Kali

    Worte, die ums Haus streichen mit dem Wind.

Nordwind

    Mein Leib sei dein Leib.

Kali

    Draußen vor dem Fenster blüht schon der Flieder.

Nordwind

    Schnee fällt im Mai.

    Es sind v ele Frauen bei den Weißen?

Kali

    Viele sind wir.

Nordwind

    Ihr könnt doch nicht einfach Leben nehmen.

Kali

    Wir geben das Leben und wir nehmen es.

Auto innen

Radiosprecher
> Guten Tag liebe Hörer!
> Wir wünschen einen wunderbaren Vormittag auf unserem Sender.
> Die Sonne scheint von blauem Himmel.
> Die Welt ist in Ordnung.
> Ein guter Tag.
> Wir spielen Ihre Lieblingsmusik.
> Die Schlager, als Sie jung waren.
> San Francisco von Scott McKenzie.

Nordwind
> Hi Kali, wo bist du?

Kali
> Ich fahr dir davon.

Nordwind
> Der Waffenstillstand ist vorbei.

Kali
> Wir hatten nie einen.
> Ich liebe dich.

Nordwind
> Ich...

Kali
> Ich krieg eine Meldung rein.

Nordwind
> Einen guten Tag wünsch ich dir.

Kali
> Dir ebenso.

Refrain von SF im Radio

Nordwind
> Basis bitte melden

Basis
> Alles klar.
> Fahr zu deiner Position.

Nordwind
> Minus fünfzehn.

Basis
> Es geht los.
> Minus fürfzehn, jetzt!

Nordwind
> Genau!

Radio wieder hoch

Radiosprecher
> Trotz aller Negativmeldungen in Wirtschaft und Politik,
> meine Hörer, der Sommer steht draußen vor der Tür.
> Frühsommer mit Sonnenschein und langen, hellen Tagen.
> Genießen sie ihr Leben!
> Heute Morgen, als ich zum Studio fuhr, dachte ich mir, die
> Welt ist so, wie sie immer war.
> Und wie sie immer sein wird.
> Die Menschen haben so viele Schwierigkeiten bewältigt und
> harte Zeiten durch gestanden.
> Wir schaffen das.
> Wir sind stärker, als wir selbst glauben.
> Viele tausend Jahre Menschheitsgeschichte in Freud und
> Leid.
> Und immer gab es einen neuen Morgen.
> Und einen neuen Tag.
> Der sibirische Krieg ist nicht das Ende der
> Menschheitsgeschichte.

Auto innen Kali/ Funkgespräch

Kali
> Ich glaub, ich fahr das Rennen nicht.

Lerner
> Du fährst.

Kali
> Es ist so überflüssig in dieser Zeit.
> Der Krieg geht mir auf dem Wecker.

Lerner
> Wir führen unseren.
> Deren Krieg interessiert uns nicht.

Kali
> Ich will mir nicht vorstellen, dass alles so arg ist.

Lerner

Es ist schlimmer.

Kali

Red doch nicht so.

Lerner

Du bist verliebt.

Kali

Ich ?!

Lerner

Liebe will Zukunft.
Sie macht dich weich.

Kali

Jetzt spinnst du aber.

Lerner

Ich ahne es seit Wochen.

Kali

Dann weißt du mehr als ich.

Lerner

Diesen Krieg wird keiner gewinnen und er wird außer
Kontrolle geraten.

Kali

Aber....

Lerner

Wir müssen unsere Sache durchziehen.
Härter als bisher.
Sie sollen wenigstens am eigenen Leibe spüren, was sie
anrichten.

Kali

Die Berichte klingen verheerend.

Lerner

Sie sind verheerend und das Feuer wird immer stärker
angefacht.

Kali

Vielleicht hast du recht.
Ich bin weich geworden.

Lerner

Hauptsache, du verlierst unser Ziel nicht aus den Augen.
Willst du hören, was die in den Redaktionen so treiben?
Ich schalt dich auf.

Schaltgeräusch, Stimmen hoch

Franz

    ....müssen wir uns vorbereiten.

    Ich bin geschafft.

    Noch so ein Bericht und ich melde mich freiwillig an die Front.

Redakteur

    Du bist an der Front.

    Am Mikrophon ist unser Platz.

    Hier, das ist der neuste Text von unseren Korrespondenten.

    Lies ihn durch, dann hören wir uns die O-Töne an und bearbeiten ihn wie gehabt.

Franz *liest, murmelt*

    Das ist ja irre!

    Er hat raus gefunden, dass an den Kämpfen kaum Einheimische beteiligt sind.

Redakteur

    Klar, die sitzen in den Kellern, saufen Wodka und lassen andere für sich die Kastanien aus dem Feuer holen.

Franz

    Schwerbewaffnete Söldner marodieren durch die Stadt.

    Bykow steht in Flammen.

    Die Gassen sind voller Leichen.

    Ströme von Blut überschwemmen die Bürgersteige.

    In den Kellern spielen sich grauenhafte Szenen ab.

    Die Menschen werden zusammengeschossen, die Frauen vergewaltigt, Kinder und Alte niedergemacht

    Schreie übertönen Bomben und Salven.

Redakteur

    Krieg ist kein Osterspaziergang.

Franz

    Er berichtet von unserer Seite, nicht von der russischen.

Redakteur

    Drüben geht es auch nicht besser zu.

Franz

    Ich muss mir die O-Töne anhören.

    Wenn wir das senden...

Redakteur

    Das senden wir nicht.

    Nicht so.

    Es ist unsere Aufgabe das sendefähig zu machen.

Franz

Er hat noch ein Interview mit einem Kommandanten
angehängt.

Redakteur

Na also.

Franz

Er kennt ihn aus Bagdad.
Ein Belgier.
Er schildert ihn als Ebenbild Rambos oder des Irren aus
dem Scorseesefilm.

Redakteur

Der Stoff war eine Adaption von Joseph Conrad.
Das ist Weltliteratur.
Du verwechselst da was.
Brando war gut in der Rolle.

Franz

Manchmal weiß ich Wirklichkeit und Fiktion nicht mehr
auseinander zu halten.

Redakteur

Keiner kann das.

Franz

Egal auch.
Aber dicht ist der nicht.
Der ist ja regelrecht stolz auf sein Tun.

Redakteur

Er verteidigt Freiheit und Demokratie.
Die Sibiriaken wollen sich endlich der russischen Knute
entledigen.
Das ist Fakt.

Franz

Ich les das anders.

Redakteur

Ich les, ich les.
Dein Humbug interessiert mich nicht.

Franz

Weber ist ein guter Mann.
Er war an allen Brennpunkten und versteht sein Handwerk.

Redakteur

Das ich nicht lache!

Der Mann ist viel zu nah dran und hat den Überblick
verloren.
Ströme von Blut.
Der soll Gedichte schreiben.
Wahrscheinlich haben sie ihn zu viele Weiber ins Hotelbett
gelegt oder ihn abgefüllt.
Was weiß ich, was der lieber hat.
Wir haben aus der Ferne den genauen Blick und tragen
Verantwortung unseren Hörern gegenüber.
Wir können nicht einfach seine haltlosen Behauptungen in
die Welt stellen.

Franz

Ich glaub, ich kann das nicht.

Redakteur

Kann das nicht?!
Hör mal zu mein Junge...

Franz

Mein Junge?!

Redakteur

Was?
Na egal!
Weißt du ich bin groß geworden als sich unser
Korrespondent damals in Stuttgart in den Heizungskeller
vom Sender oder was das war gestellt hat und einen
großartigen Augenzeugenbericht aus dem brennenden
Beirut abgelassen hat.
Du sahst die Stadt untergehen, hörtest die Bomben, die
Schreie und er mittendrin.
Das war Journalismus von der feinsten Art.
Dafür war der sich nicht zu schade und du willst noch nicht
einmal ein paar Sätze umschreiben.

Franz

Aber....

Redakteur

Nix aber.
Das ist dein Job.
Dafür bezahlen wir dich.
Und denk dran: was wir berichten, das ist.
Was wir nicht berichten, ist nicht.
So einfach geht das Spiel.
Der Preis ist hoch für jeden von uns.

Wir werden den Krieg gewinnen und nicht die anderen,
denn die nehmen dir als erstes einmal deinen Porsche weg.

Franz

Ich fahr keinen Porsche.

Redakteur

Dann eben deine Riesenkiste.
Du wolltest doch eine kaufen, damit deine Frau den
Maximilian und die kleine Anette sicher in den Kiga fahren
kann.
Mir sind ja die Tränen die Backen runter gekullert.
Also an die Arbeit!
Arbeit macht frei.
Auch dich.

Auto innen
Schlagermusik Peter Sarstett – you talk like ..

Nordwind

Gutes Lied.

Onboardunit

Peilung abgeschlossen.
Bereit.

Nordwind

Hallo Zentrale!
Minus 50 Sekunden.

Basis

Irgendwelche Vorkommnisse?

Nordwind

Normaler Verkehr.
Keine verdächtigen Fahrzeuge.
Starke Wlan-Strahlung, sonst nichts.

Basis

Gut.
Florian ist in Milbertshofen in Position.
Versuch soviel Handymasten wie möglich auszuschalten
und verschwinde, sobald du angepeilt wirst.

Nordwind

Es sind sieben.
Ist der Wahnsinn, kaum sechzig Meter von Wohnungen
entfernt und fast auf gleicher Höhe, weil der Bau niedrig ist.

Basis
> Und total überflüssig, weil andere ausreichend
> Netzabdeckung liefern.
> Deshalb dünnen wir ja auch aus, nachdem die Proteste der
> Anrainer nichts fruchten.

Nordwind
> Dann werden wir die Grillparty der Konzerne mal ein
> bisschen unterbrechen.

Onboardunit
> Noch dreißig Sekunden.

Nordwind
> Alles klar!
> Verkehr noch immer ruhig.
> Soll ich anschließend das Wlan auch lahm legen?
> Die Strahlung ist an der Grenze.

Basis
> Lass mal!
> Da sitzt eine Privatschule drin.
> Das Wlan war monatelang offen und hat die Umgebung mit
> Internet versorgt.
> Die sind fortschrittlich, die Irren.

Nordwind
> Ich hab noch fünf oder sechs andere, die strahlen auch.
> Die wissen einfach nicht, was sie tun.

Basis
> Woher auch?
> Elektrosmog ist harmlos.

Nordwind
> Sowieso.

Onboardunit
> Fünf Sekunden, vier...

Nordwind
> Also jetzt geht's los.
> Zwei, eins und Aktion.
> Volle Leistung!

Verstärktes Brummen etc

Nordwind
> Mast eins ist geplatzt.
> Zwei ist ausgeschaltet.
> Geht doch, man muß nur wollen.

Onboardunit
>Peilung aus Richtung Paulanerturm.
>Entfernung 800 Meter.

Nordwind
>Drei und vier haben ihren Geist aufgegeben.
>Weiter!

Onboardunit
>Zweite Peilung aus Innenstadt.

Basis
>Nordwind, die haben deine Position!

Nordwind
>Alles klar!
>Ich hab den nächsten erledigt.
>Zwei noch, dann fahr ich.
>Schade, hätte das Wlan doch auch ganz gerne mattgesetzt.
>Dann müsste der hoffnungsvolle Nachwuchs mal wieder
>Bücher aufschlagen.
>Wie läufts in Milbertshofen?

Basis
>Florian hat abgeschlossen und fährt zur Basis zurück.

Onboardunit
>Eingehendes Gespräch.

Nordwind
>Jetzt nicht!
>Auf Schleife!
>Na also, der Letzte noch.

Onboardunit
>Leistungsabfall in Einheit 2.
>Muß reset vornehmen

Nordwind
>Scheiße!

Onboardunit
>Reset beendet.
>80% Leistung, 82 % ...

Nordwind
>Beeil dich!

Basis
>Was ist los?

Nordwind
>Kleines Problem.

Basis
>Verschwinde!

Onboardunit

    3. Peilung aus Balanstraße, nähert sich.

Nordwind

    Nun mach mal hinne!

    Der Letzte wird doch auch zu knacken sein.

Onboardunit

    Umts ausgeschatet.

    Werte auf Null gesetzt.

    Dritte Peilung 400 Meter.

    Nähert sich rasch.

Auto anlassen, losfahren.

Nordwind

    Gespräch aufspielen!

Kali

    He Nordwind!

    Bist du in der Gegend?

Nordwind

    Ach du bist das!

    In welcher Gegend?

Kali

    Red nicht so mit mir!

    Ich hab dich angepeilt.

    Ich komm die Balanstraße rein.

    Am Tassiloplatz sind die Handynetze ausgefallen.

Nordwind

    Ist doch wunderbar.

    Dann herrscht Ruhe im Karton.

Kali

    Sie bauen sich wieder auf, aber schwächer.

    Und du bist weg.

Nordwind

    Was es nicht alles gibt.

Kali

    Ich will dich sehen.

Nordwind

    Am Abend.

    Ich liebe dich.

Kali

    Du mich auch.

    Mensch! Kerl!

Nordwind
    Ich beende.

Kneipe innen
laut Box... Marmor, Stein und Eisen bricht...

Benno
    Scheiß Handy! Mist!
Müller
    Halt die Klappe wenn Drafi Deutscher singt.
Benno
    Ist doch wahr.
    Das Mistding spinnt.
    Dabei hab ich's erst seit zwei Wochen, nachdem ich den
    neuen Vertrag abgeschlossen hab.
Müller
    Gib dir dein Sender keins mehr?
Benno
    Ich arbeit da nimmer.
    Ich schreib jetzt einen Kriminalroman.
Müller
    Na denn.
    Mein Pager funktioniert einwandfrei.
    Er zeigt sogar einen Haufen Nachrichten.
Benno
    Willste die nicht lesen?
Müller
    Ich bin Beamter und hab jetzt Mittag.
Benno
    So gut möchte ich's auch mal haben.
Müller
    Wieso?
    Du schüttest dich doch auch ohne Anstellung zu.
Benno
    Ich treib Milieustudien.
Müller
    Milieustudien?
    Als wenn du einen Grund zum Saufen brauchst.
Benno
    Du verrätst mir ja nichts.

Ohne Informanten bei der Polizei geht in der
Kriminalliteratur nichts.
Das ist wie beim organisierten Verbrechen, da brauchst du
auch deine Leute bei der Polizei und in den Ämtern.
Sonst geht nichts.

Müller

Von mir kriegste nix.
Du kannst dir doch Geschichten ausdenken, hast doch
mächtig was gelernt bei deinem Sender.

Benno

Ich habe immer Wert auf eine saubere Recherche gelegt.

Müller

Wenn du das sagst.

Benno

Außerdem ist die Wirklichkeit fantastischer, als alles, was
du dir ausdenken kannst.
Oder hättest du dir die Wirtschaftskrise und den sibirischen
Krieg vorstellen können?

Müller

Vorstellen kann man sich alles.
Aber sag mal, hast du was den dem Autorennen gehört?

Benno

Wieso, die kurven doch dauernd im Kreis herum.
Der, na wie heißt der denn der neue Star?

Müller

Ich mein Ilegale.

Benno

Für mich ist die Formel Eins illegal, das ...

Müller

Uns sind da Gerüchte zu Ohren gekommen, und deine
Kollegen, die hören doch immer das Gras wachsen.

Benno

Ich hab nichts gehört.
Weißt du, nachdem ich jetzt raus bin, ist das nicht mehr so
mit den Kollegen.

Müller

Ich dachte immer, ihr habt da ein gutes Betriebsklima, bei
uns ...

Funk

Da bist du ja.

Müller

Was willst du denn hier?

Funk

Bist du nicht auf Streife?
Ich soll dich in die Zentrale holen.
Du gehst ja nicht an deinen Pager.

Müller

Den muss ich ausgeschaltet haben.
Wo brennts denn?

Funk

Du wirst gebraucht.

Müller *zu Benno*

Hörst du, die brauchen mich.
Zu Funk
Trink erst was, dann können wir fahren.

Funk

Ich bin im Dienst.

Müller

Ja und?
Ich auch.

Funk

Du sollst sofort anrücken.
Es ist die Hölle los.
Die haben die Handymasten am Tassiloplatz lahm gelegt, in
Milbertshofen auch.

Müller

In Milbertshofen wohn ich.
Nichts einzuwenden.
Die Masten gingen allen auf den Wecker.

Funk

Der Krieg kommt rüber zu uns.
Die Kommunikationsnetze sind das erste Angriffsziel.

Müller

Der Krieg ist schon lange da, nur will das keiner wahrhaben.
Wenn ich an die Profite der Handybetreiber denke...

Benno

Der Tassiloplatz ist doch gleich um die Ecke, da kannst du
rüber laufen.

Müller

Und was soll ich da, die Arme ausstrecken und strahlen
oder was?

Benno

Über die Anlage wollte ich mal einen Bericht machen, weil
die ein Verbrechen ist, mitten im Wohngebiet.
Der Vorschlag wurde abgeschmettert.
Die Strahlung ist ungefährlich.

Müller

Ist klar.
Allein das Leben ist gefährlich.

Funk

Ich geh jetzt, du weißt bescheid.

Müller

Geh in Frieden, mein Sohn und fahr vorsichtig.
Auch der Autoverkehr ist gefährlich, schon mittags sind
haufenwe se Besoffene unterwegs
Alles ist gefährlich.
Vielleicht sollte ich in der Wirtschaft hocken bleiben und
mich nicht mehr vom Fleck rühren.
Je älter ich werde, desto mehr liebe ich die Stille des
Universums.

Benno

Im Universum herrscht Chaos und Gott würfelt angeblich.

Müller

Daran kannst du ablesen, wie weit es mit uns gekommen
ist.
Singt
Marmor, Stein und Eisen bricht ....

Wohnung innen
Tür geht

Kali

Da bist du ja, Mensch!

Nordwind

Ich war noch mal in der Schrannenhalle.
Es soll ja alles hinhauen.
Die ist total ausgebucht.

Kali

Der Pächter wird sich freuen nach den Pleitemonaten.

Nordwind

Das Konzept war ja auch hanebüchen.
Und wir läufts im Forum?

Kali

Gut.

Die Leute sind froh, dass es endlich losgeht.

Sie haben gestern Nacht einen letzten Test gefahren und am Thomas Wimmer-Ring eine Kamera ausgetauscht.

Die Strecke ist komplett im Bild und die Programme laufen einwandfrei.

Das wird besser als beim Grand Prix.

Wir senden auf Kanal 69.

Der Pornosender hat Sendepause ab Zwei.

Nordwind

Sehr witzvoll.

Kali

Die Techniker sind scharf zu zeigen, dass sie mit den Kameras der Verkehrsleitzentrale ein perfektes Rennen übertragen können.

Für die Bosse sind im großen Sitzungssaal Großbildschirme aufgestellt.

Die andere Hälfte wird vorne am Promenadeplatz vom Balkon und den Fenstern des Hotels alles live beobachten.

Die karren haufenweise Prominenz heran.

Auchs Borisle will kommen, ebenso der Alfons.

Nordwind

Ist schon irre, dass die euch sponsern.

Kali

Wieso, die waren von Anfang an bei allen unseren Aktionen dabei.

Nordwind

Du spinnst!

Kali

Jetzt tu mal nicht so, als ob ihr das nicht wüsstet.

Woher sollen denn Geld und Ausrüstung kommen, wenn nicht vom Konzern?

Ihr habt doch auch eure Gönner.

Nordwind

Aber nicht solche.

Kali

Die edlen Retter der Menschheit, die Handymasten angreifen.

Nordwind

Immerhin sind von den 8 Anlagen erst 2 wieder in betrieb
gegangen und die Leute machen sich ein paar Gedanken,
ob alles so sein muss.

Kali

Natürlich muss das so sein, Lemminge können nicht
anders, da hüpft einer dem andern hinterher.
Außerdem machts doch Spaß die Kids abzuzocken, bis der
Alten die Kohle ausgeht.

Nordwind

Das Geschäftsgebaren er Handyindustrie ist in der Tat von
dreister Unverfrorenheit.
Die Computerbranche hat was kapiert, aber die machen
frisch fröhlich we ter, koste es, was es wolle und wenn auch
nur das Leben.

Kali

Dein Wagen ist doch auch voller Elektronik.

Nordwind

Zu anderem Zweck und außerdem ist die Strahlung
minimiert.
Ich bin doch nicht bescheuert.

Kali

Das sagt jeder.

Nordwind

Und du fährst?

Kali

Sowieso.

Nordwind

Und ohne Tricks?

Kali

Wenn ich fahre, klar!
Wir werden sehen.
Du willst ja nicht gegen mich antreten.

Nordwind

Ich werde euch den Weg frei halten.
Bin überrascht, dass bisher alles problemlos lief und vor
allem, dass alle dicht halten.
Ab 10 geht in der Schrannenhalle die Fete los.

Kali

Dann haben wir beide ja noch ein bisschen Zeit füreinander.

Nordwind

Du willst jetzt ...

Kali

Gibt es einen besseren Zeitpunkt?

Polizeizentrale innen

Müller

Leberkas! Leberkas! Leberkas!
Ich kann das Zeug nicht mehr sehen.
Auf allen Broten Leberkas!

Berger

Aber den isst du doch seit ehedem.
Ich dachte immer, du magst Leberkäse?

Müller

Ich hasse Leberkas!
Seit ich meiner Frau vor zwanzig Jahren gesagt habe, dass
sie sich das Grünzeug auf meinen Broten an den Hut
stecken kann und ich Leberkas will, krieg ich Leberkas.
Nacht für Nacht Leberkas.

Berger

So oft schiebst du ja gar nicht mehr Nachtschicht.

Müller

Seit zehn Jahren nicht mehr.
Das hat mir jetzt der Huber eingebrockt, wegen meiner
mangelhaften Dienstauffassung.

Berger

Du bist sturzbesoffen in die Zentrale marschiert und hast
gesungen Marmor Stein und Eisen bricht.

Müller

Na und?
Soll ich deswegen jetzt Leberkas fressen?

Berger

Dann sag ihr doch, dass du den nicht magst.

Müller

Damit sie mir wieder Grünzeug auf die Brote schmiert?
Nein danke!
Mit viel Kaffee krieg ich den runter.

Berger

Warum schüttest du dann die halbe Thermoskanne weg?

Müller

Was meinst du wie stark der ist?

Der gehört verdünnt.

Berger

Aber das ist doch Schnaps, den du da reinfüllst.

Müller

Ja was denn sonst?
Deshalb habe ich ja die große Thermoskanne durchgesetzt.
damit ordentlich was rein geht, die wollt mir die kleine
geben.
Wenn ich den Kaffee pur trinke, bin ich erledigt, bevor die
Schicht um ist.

Berger

Also ich verlass dich dann.

Müller

Wo bleibt denn der Fritz?

Berger

Ach so, das hab ich vergessen, der ist krank und Ersatz
haben wir keinen.

Müller

Die verdammten Personaleinsparungen gehen mir auf den
Sack.

Berger

Dienstagnacht ist eh nichts los.
Das kriegst du allein hin.

Müller

Wieviel Uhr ist es?

Berger

Halb Zwei.

Müller

Dann gibt's ja bald Nachrichten.
Vielleicht haben sie die Bombe schon gezündet.

Berger

Red keinen Scheiß.

Müller

Heutzutage ist alles möglich.
Die Wirklichkeit ist viel fantastischer als alles, was man sich
ausdenken kann.
Das hat mir der Benno gesagt.
Der war auch besoffen.
Mach mal die Kiste an.

Radio einschalten

Radiosprecher

Und nun zu den Nachtgedanken von unserem Franz.
Er hat sich heute etwas ganz besonderes ausgedacht.

Franz

Ja, liebe Hörerinnen und Hörer, so ist es.
Es geht um unsere Kinder, die gerade jetzt, wo ich hier im
gemütlich warmen Studio sitze draußen in Nässe und Kälte
an der Front stehen und unsere Freiheit verteidigen.
Wir alle haben von Kindersoldaten gehört, in Afrika, in Asien
in Südamerika. Sehen die Bilder, wie sie bekümmert und
stolz ihre Maschinenpistolen präsentieren.
Schmale Gesichter voller Trotz und Lebensmut.
Weit weg, so denken wir.
Aber sind wir doch einmal ehrlich.
Wie alt sind unsere Jungs, die wir an die Front schicken?
20, 21, 22 Jahre.
Manche noch jünger.
Auch sie sind nicht erwachsen, sind Kinder.
Sie meinen in den Ersten Weltkrieg zogen die
Siebzehnjährigen und Pimpfe kämpfen im Zweiten?
Gewiß!
Doch heißt das, dass sie keine Kinder mehr waren?
Nun, als sie heimkehrten, wenn sie denn heimkehrten,
waren sie es tatsächlich nicht mehr.
Auch in Vietnam, diesen so verhängnisvollen Krieg für
Amerika, kämpften die Kinder.
Mit Rockmusik, Drogen und Sex zerplatze der
Blumentraum einer Generation.
Schauen Sie sich die Fernsehbilder von heute an.
Betrachten sie, wie sich die Kleinen auf den
Mannschaftswagen zusammenkauern, verpackt in
monströse Uniformen, die den schmalen Leib verbergen.
Heute in dieser komplexen Welt wird man vielleicht mit 28
erwachsen, mit 30.
Wir kennen die Studien der Psychologen.
Fünfzehn Jahre in Afrika unter anderen Sternen sind dreißig
in Europa.
Und da schicken wir die Burschen fort, die kaum der Schule
entwachsen sind, der Lehre, dem Elternhaus, ihren Spielen,
den Träumen, den Mädchen, die mit ihnen in die Diskos
gehen.

Wodurch unterscheiden sie sich von den Kindern in Afrika,
die Maschinengewehre schleppen, morden, vergewaltigen.
Dass sie vielleicht eher eine Zukunft hätten daheim?
Wenn sie zurückkehren ist die dahin, denn sie haben
gelernt, dass der Krieg keine Moral kennt, kein Erbarmen,
kein Mitleid.
Das Böse erwacht in jedem, wenn er den Kameraden neben
sich fallen sieht.
Ja meine lieben Hörer, wir schicken unsere Kinder in den
Krieg, weil es uns nicht gelang, eine Welt zu gestalten, die
friedvoll ist.

Müller

Gar nicht so bescheuert der Typ.

Funk

Was gibt's?
Stör nicht, ich hör Radio.

Funk

Auf dem Mittleren Ring findet ein Rennen statt.

Müller

In der Nacht fahren alle wie die Irren.

Funk

Im Ernst, das ist organisiert.
Die fahren ein Rennen.
Hundert Pro!
Das ist das, von dem immer gemunkelt wurde.

Müller

Sind Sie sicher?

Funk

Logo.

Müller

Standort?

Funk

Donnersberger Brücke Richtung Olympiadorf.
Etwa fünf Fahrzeuge.

Funk 2

Bei mir sind es sieben.
Die kommen aus der Brudermühlunterführung mit einem
Affenzahn.

Müller

Gut, ihr bleibt dahinter.

An alle Einheiten im gesamten Stadtbereich!
Fahren Sie zum Mittleren Ring in ihrem Abschnitt!
Postieren sie sich an den Kreuzungen und warten Sie auf
Zugriffsbefehl!

Funk 3

Alle, wir sollen alle ausrücken?

Müller

Alle!
Stoppt andere Aktionen und fahren Sie in Position.
Das hat Priorität.
Den Burschen machen wir den Garaus.

Auto innen

Nordwind

Kali!

Kali

Ja?

Nordwind

Viel Glück!

Kali

Danke!

Nordwind

Die Polizei fährt zum Mittleren Ring.
In zwanzig Minuten ist die Straße frei.

Kali

Alles klar
Du ...

Nordwind

Paß auf dich auf!

Kali

Ich bin gut.
Keine Sorge!.
Ich muß jetzt beenden.

Nordwind

Alles Gute, mein Herz.

Schaltgeräusche

Nordwind

Florian, bitte melden!

Florian
>Was steht an?

Nordwind
>Wie siehts am Forum aus?

Florian
>Da läuft die Party seit Stunden.
>Die Bosse sind alle da.

Nordwind
>Und die Weißen?

Florian
>Normal!
>Keine besonderer Aktivitäten.
>Hab alle Kanäle gescannt.
>Die bereiten sich auf das Rennen vor.
>Sind wilde Typen darunter und haufenweise Frauen.
>Und bei dir?

Nordwind
>Die unsern lassen die Motoren aufheulen.

Florian
>Wann legst du die Polizeizentrale lahm?

Nordwind
>Laß die sich noch ein bisschen austoben.
>Die sind alle unterwegs zum Mittleren Ring.
>Ich gebe ihnen noch ein paar Minuten.

Florian
>In fünf Minuten müssen wir den Altstadtring grün schalten,
>damit nicht irgendein Penner zwischen die Autos kommt.

Nordwind
>Keine Sorge, wir haben ausreichend Posten und die Weißen
>kümmern sich um ihre Abschnitte.

Florian
>Also denn!

Nordwind
>Also denn!

Polizeizentrale innen

Müller
>Also Leute, wie siehts aus?

Viele
>Auf Position!

Funk 1

Ich bin jetzt auf der Isarbrücke Richtung Brudermühl.
Die legen ein Höllentempo vor.

Funk 2

Meine jagen die Richard Strauss entlang.

Müller

Wir stoppen in Ramersdorf und am Luise Kisselbachplatz.
Die Wagen auf die Fahrbahn und raus aus den Kisten.
Wir zeigens der Kavalke.
Und alle festnehmen.
Alle!
Ich will die Handschellen in der ganzen Stadt klappern hören.
Das wär ja noch schöner

Funk 1

Mist!

Müller

Was ist los?

Funk 1

Die müssen was mitgekriegt haben, die biegen auf die Starnberger Autobahn.

Müller

Ja habt ihr die nicht blockiert?

Funk 1

Wozu denn?
Das Rennen findet doch auf dem Ring statt.
Da stehen die Kollegen.

Müller

Ihr Idioten!

Funk 1

Aber ...

Müller

Ja muß ich mich denn selber auf die Straße legen?

Funk 1

Bringt nichts mehr.
Die sind schon durch.

Müller

Ja hinterher!
Alle!
Und das mir keiner zurück bleibt.
Ich will Blut fließen sehen!
Blut!

Funk 1

Es war von Festnahme die Rede.

Müller

Das ist symbolisch, Sie Pfeife!
Symbolisch!
Also Bleifuß.
Ich verständige die Kollegen in Starnberg.
Und kommt mir nicht heim, ohne dass ihr sie habt.

Funk 2

Zentrale!

Müller

Was ist?
Ich hab keine Zeit.

Funk 2

Meine sind auch weg.

Müller

Sag das noch ma !

Funk 2

Die sind nach Salzburg abgebogen, weil wir den Ring
blockiert haben.

Müller

Und worauf wartet ihr?

Funk 2

Auf der Autobahn sind wir nicht zuständig.

Müller

Nicht zuständig, wenn in Bayern die Anarchie ausbricht?
Das ist ein Ernstfall, der hebt alle Vorschriften auf.
In die Fahrzeuge, sonst komm ich mit der Peitsche und
treib euch über die Felder.
Ich ruf die Kollegen draußen.
Ich lass absperren.
Alles.
Ganz Bayern mach ich dicht.
Die ganze Republik.
Und ihr bringt mir die Irren.
Jeden einzelnen.
Sonst braucht ihr gar nicht mehr in eure Reviere
zurückkommen.

Auto innen

Nordwind
>
> Basis!

Basis
>
> Wir hören.

Nordwind
>
> Der Ring ist grün geschaltet, die Wagen sind startbereit

Basis
>
> Gut.
> Minus 90 Sekunden bis zum Start.

Kanal 69 Fs-Sender, letztes Stöhnen, dann Sprecher, Motorengeräusche stets im Hintergrund.

Fernsehsprecher
>
> Eine wunderschöne Dienstagnacht am frühen Morgen.
> Heute bieten wir ihnen unser sensationelles
> Kontrastprogramm zu dem ewigen Einerlei hier auf Kanal
> 69.
> Ich denke, Sie werden es ebenso genießen, wie das, was Sie
> sonst hier sehen.
> Wir präsentieren das Rennen des Jahres.
> Das erste Stadtcarrace live.
> Da kann die Formel Eins einpacken.
> Zwei Gruppen treten gegeneinander an: Weiß und Schwarz.
> Sieben Autos pro Team.
> Drei müssen ins Ziel und werden gewertet.
> Schwarz startet an der Schrannenhalle, Weiß am Forum
> Noch zehn Sekunden zum Start.
> Hören sie den wunderbaren Klang der Motoren.
> Fünf, vier, drei, zwei eins und Start!
> Sie sind auf der Strecke.
> Und meine lieben Zuseher, denken Sie daran, von diesem
> Rennen produzieren wir eine Dvd in bester Qualität und
> auch eine Blueray, für den, der schon soweit aufgerüstet
> ist.
> Diese können Sie unter www.stadtcarrace.de, direkt nach
> dem Rennen bestellen.
> Wie stadtcarrace geschrieben wird, sage ich Ihnen im
> Verlauf der Sendung.
> Doch jetzt zurück zum Rennen.
> Wie mir scheint hat Schwarz schon einen Sekundenvorteil
> herausgefahren.

Die Zeit sehen sie unten im Bildschirmfenster.
Das ist ja erstaunlich nach wenigen Metern durch unsere
nächtliche Stadt.

Auto innen

Nordwind
>Geschafft!

Florian
>Die legen gleich e n höllisches Tempo vor.
>Bin gespannt, was für Rundenzeiten gefahren werden,
>bisher konnten wir ja nie unter Rennbedingungen fahren.
>Aber es sieht nicht schlecht aus für uns.

Nordwind
>Es sind zwanzig Runden, da kann noch viel passieren.

Florian
>Meinst du, wir schaffen die ganze Distanz?

Nordwind
>Der Müller hat seine Einheiten aufs Land geschickt.
>Ich hab ihn isoliert von seiner Truppe, der brüllt
>Anweisungen ins Mikrophon und merkt gar nicht, dass
>keiner antwortet.

Florian
>Die Feuerwehr am Sendlingertor hat auch Funk.

Nordwind
>Denk an Berlin!
>Die Feuerwehr war in allen Schlachten stets auf unserer
>Seite.

Florian
>Auch wahr.

Zimmer innen
Telephonklingeln

Franz *verschlafen*
>Hallo verdammt!
>Wer ruft mich zu dieser nachtschlafenden Zeit an?

Benno
>Ich bins, der Benno.

Franz
>Ja spinnst du jetzt komplett!

Weißt du wie viel Uhr es ist.

Benno

Keine Ahnung.

Franz

Zehn nach Zwei.

Benno

Genau!
Du, ich bin total aus dem Häuschen..

Franz

Das glaub ich, du bist besoffen.

Benno

Also ich geh da aus der Blauen Nacht gemütlich rüber zum
Markt und weißt du, was da los ist?

Franz

Da kotzt einer in den Brunnen, der genauso blau ist wie du.

Benno

Nein, da ist die Hölle los.
Die veranstalten ein Autorennen auf dem Altstadtring.

Franz

Klar, mit Schuhmacher und Co, nur hat der gerade bei
Daimler unterschrieben.
Also Benno sei friedlich, nimm ein Taxi und schließ daheim
die Äuglein zu, du hasts nötig.

Benno

Fürs Taxi habe ich kein Geld mehr und schlafen will ich
auch nicht, wenn die hier ein Rennen veranstalten.
Ich sag dir, das ist die Story.

Franz

Ruf den Sender an.

Benno

Da geht keiner ran.

Franz

Dann wird nichts los sein.
Was wir nicht senden findet nicht statt.

Benno

Franz du kennst mich doch.

Franz

Eben.

Benno

Wenn du darüber berichtest, ist das ein neuer
Karriereschub.
Es sind keine Kollegen da.
Du wärst der erste.
Deswegen ruf ich dich an.

Franz

Weißt du, ich brauch keinen Karriereschub.
Ich hab in letzter Zeit ein bisschen nachgedacht über
unsere ganze Arbeit.
Ich mach solche Geschichten nicht mehr.

Benno

Hörst du, die Wagen fahren gerade um die Ecke bei der
Schrannenhalle.

Franz

Weißt du, als ich gestern Morgen den Maximilian und die
Annette in den Kiga gefahren hab, meine Frau ist ein
bisschen erkältet, deshalb hab ich es gemacht, hatte ich die
Nachrichten an mit Meldungen von diesem verdammten
Krieg.
Und da hab ich den Maximian im Rückspiegel betrachtet.
Verschlafen noch von der Nacht hat er aus dem Fenster
geschaut und geträumt.
Der soll so was nicht mitmachen.

Benno

Der ist doch noch nicht mal vier.
Der wird doch nicht eingezogen.

Franz

Vier, achtzehn, wo ist da der Unterschied?
Nein, da läuft etwas schief, lange schon.

Benno

Aber das Renner ist illegal!

Franz

Und wo ist die Polizei?

Benno

Ja ich seh keine!

Franz

Na siehst du, verstehst du, was ich meine?
Ich werde mein Engagement neu überdenken.
Muss Verantwortung übernehmen.
Die Stimme erheben gegen die Kindersoldatenkriege
weltweit.
Ich will dem Maximilian einmal in die Augen sehen können.

Ruf den Sender an.
Ich bin für so was fortan die falsche Adresse.

Fernsehsprecher
Noch fünfzehn Runden und langsam kristallisiert sich ein
Vorteil für Schwarz heraus.
Sie haben fünf Fahrzeuge vorn und auch wenn ein Wagen
von Weiß aufholt, fallen die anderen zurück.
Sie wissen drei müssen durchkommen und werden
gewertet.
Die Piloten sind todesmutig, besonders an der engen
Marktkurve, wo sie von zweihundert auf dreißig
runterbremsen müssen.
Aber so gefährlich ist es nicht, denn sie beherrschen ihre
Fahrzeuge.
Und die Strecke ist hervorragend gesichert.
Nun zahlt es sich aus, dass in den letzten Jahrzehnten die
Innenstadt immer menschenleerer wurde, weil die Leute in
die Außenbezirke zogen.
So bilden sie keine Gefahr.
Mit dem Rennen kehrt eine Nacht lang neues Leben zurück
in die sonst nachtstillen Gassen unserer Heimatstadt.

Auto innen

Florian
Nordwind!
Hektischer Funkverkehr bei den Weißen.
Die haben was vor.
Nordwind
Die liegen zurück.
Florian
Bis auf die Frau, die fährt irre.
Nordwind
Im ersten Wagen sitzt eine Frau?
Florian
Kali oder so, wie ich mitgekriegt habe.
Die ist absolut vorn, aber die brauchen noch zwei.

Fernsehsprecher

Am besten ich schildere Ihnen einmal die Strecke.
Erzähle, was die dramatischen Bilder des Rennens jetzt
nicht zeigen, was Sie aber selbstverständlich als
Bonustrack auf ihrer Dvd finden werden.
Bestellen Sie gleich nach dem Rennen.
Beginnen wir mit dem Forum.
Die dort versammelte Prominenz hat die Bildschirme
verlassen, steht am Fenster, zum Teil auch unten am
Straßenrand.
Champagnergläser in der Hand, die von hübschen
Hostessen stets wieder aufgefüllt werden.
Beim Konzern, dem selbstlosen Sponsor dieses Events,
werden viele Wunden leichter heilen, die diesem
Traditionsunternehmen in jüngster Zeit zugefügt worden
sind.
Gegenüber und weiter die Straße hinauf sitzen die Banker
in ihren Palästen aus Glas.
Auch sie hingerissen, was sich vor ihren Augen vollzieht.
An der Börse kann ich Brooker erkennen.
Blass mit blutroten Augen nach den entsetzlichen
Fehlspekulationen, die sie hinnehmen mussten und bislang
geduldig ertragen.
Gönnen wir ihnen die entspannenden Augenblicke, bis sie
sich wieder in ihr Tagesgeschäft stürzen müssen.
Ein überwältigendes Bild in der Schwanthalerstraße.
Hunderte von Kehrmaschinen stehen dort, die Besatzungen
sind vor zur Sonnenstraße gegangen, hinter ihnen das
Orangene Meer aus Blicklichtern und Chrom, das bis ins
Westend schwappt.
An der Blumenstraße die Nachtschwärmer.
Manche trauen ihren Augen nicht und müssen sich an den
Ampelmasten festhalten.
Und dann die Schrannenhalle, der musik- und lichtgeflutete
Tempel der Reichen und Schönen im Herz unserer
Metropole.
Vorne am Thomas Wimmer-Ring ein paar verwehte Gäste
aus den versteckten Etablissements dieses Viertels.
Ich seh sogar eine Anzahl Priester oder Mönche,
wahrscheinlich auf dem Weg zum Frühgottesdienst.

Und ob Sie es glauben oder nicht, selbst in der
Staatskanzlei meine ich an einem Fenster ein kleines Licht
ausmachen zu können.
Soll das unser Landesvater sein, der herabschaut auf sein
Volk?
Ich bin sicher er ist es, und ein leises Lächeln umspielt
seinen Mund.

Polizeizentrale innen

Telephon

Müller

    Müller! Wer da?

Benno

    Ich bins, der Benno.

Müller

    Ich kenn keinen Benno, gehen Sie aus der Leitung, hier
    läuft eine wichtige Polizeiaktion.

Benno

    Deshalb ruf ich ja an.
    Ich will ein illegales Autorennen melden.

Müller

    Ach, der brave Bürger will uns auf die Sprünge helfen.
    Ja glauben Sie denn wir leben auf dem Mond?
    Alles bekannt, die Gegenmaßnahmen laufen, der Mittlere
    Ring ist gesäubert von diesen Banditen.
    Wir...

Benno

    Wieso Mittlerer Ring, die fahren auf dem Altstadtring.

Müller

    Wir treiben die Verbrecher gerade über die Autobahn und
    am Starnberger See werden wir ihnen das Wasser
    abgraben.
    Was faseln Sie vom Altstadtring?

Benno

    Ich steh an der Schrannenhalle, mein Handy ist gleich leer.
    Hier geht die Post ab.
    Das Rennen ist in vollem Gange.
    Ich ...

Müller

    Hallo!

Sind Sie noch dran.
Ja spinnt denn der Kerl!
Altstadtring?!
An alle Einheiten, sofort melden!
Hört ihr mich?
Verdammt hört mir denn keiner zu?
Welche Einheiten sind noch im Stadtbereich?
Sofort melden und Standpunkt!
Hört ihr, melden sollt ihr euch!
Sofort!
Auf der Stelle!
Muss ich mich noch deutlicher ausdrücken?
An alle Einheiten, melden und Position durchgeben.
Scheißtechnik!
Scheißpersonaleinsparung!
Ich kann noch nicht einmal einen hinschicken und die
Meldung von dem Irren überprüfen.
Ich brauch Kaffee.
Das halt ich nicht aus.

Fernsehsprecher

Die Schwarzen bauen ihren Vorsprung aus.
An der Börse haben sie fast 30 Sekunden.
Doch was ist das?!
Der erste Wagen rast auf den Kaufhof zu und knallt in die
Schaufensterfront.
Die andern trudeln, bremsen.
Drei können das Rennen fortsetzen.
Gottseidank der Fahrer scheint unverletzt und klettert aus
seinem Wagen.
Er winkt, will uns zeigen, dass es ihm gut geht.

Auto innen

Florian

Nordwind, das war kein normaler Unfall, einer von den
Weißen hat sich zurückfallen lassen und am Kaufhof eine
Anomalie aufgebaut.

Nordwind
> Ich wusste es, verdammt ich wusste es, die spielen mit
> gezinkten Karten.

Florian
> Zwei weitere fahren auch langsam, rollen nur noch über den
> Sendlingertorplatz.
> Du musst die Fahrerin von den Weißen ausschalten.

Nordwind
> Die ist gerade vorbei.

Florian
> Dann mach ich das.

Nordwind
> Das ist nicht unser Stil.

Florian
> Das ist mir egal.
> Verdammt, ich habs doch vorhergesehen, die noch eine
> Anomalie aufgebaut.
> Unsere Fahrzeuge rasen geradeaus.
> Einer kriegt noch die Kehre.
> Jetzt reichts!
> So geht das nicht.
> Ich mach die kaputt.

Nordwind
> Nein!

Polizeizentrale innen

Müller
> Ich warte.
> Ich warte.
> Ich warte immer noch.
> Meldet euch doch!
> Wenigstens einer, ein einziger.
> Na gut, dann melde ich mich auch nicht mehr.
> Ich esse jetzt mein Leberkäsbrot und trinke meinen Kaffee
> *Rülpst*
> Hört ich trinke meinen Kaffee.
> Der ist Spitze und macht das Leberkäsbrot erträglich.
> Warum meldet sich denn keiner?
> Ich bin so allein.
> Lauter Monitore.

Schöne Monitore.
Ich kann die Monitore anspucken.
Ich kann mein Leberkäsbrot drauf schmieren.
Bayerischen Leberkäs.
Soll ich das Mikrophon anbeißen?
Hört mich denn niemand?
Ich steige auf der Tisch.
Ich trample auf dem Tisch herum.
Ich pinkle vom Tisch in die Polizeizentrale.
Ich pinkle die Monitore an.
Ich trinke keinen Kaffee.
Ich trinke Schnaps.
Ich bin Polizist.
Was seid ihr?
PipaPolizei!
Ich drehe an allen Knöpfen.
Ich kopple die Zentrale ab.
Ich schalte die Welt ab.
Ich warte darauf, dass sie die Bombe endlich zünden.
Thamal tanzt, Thamal lacht, Thamal singt
Marmor., Stein und Eisen bricht ...

Fernsehsprecher
Innerhalb einer Runde hat sich der Rennverlauf auf den
Kopf gestellt.
Die Schwarzen, die eben noch als fast sichere Sieger
aussahen, sind zurückgefallen.
Nach fünfzehn Runden liegt ein weißer Wagen in Front und
zwei weitere holen auf.
Wer hätte das vorhersehen können?
Unter den Zuschauern in der Schrannenhalle, die
beachtliche Wetten abgeschlossen haben, breitet sich
Enttäuschung aus.
Aber das kann doch nicht wahr sein?!
Meine lieben Zuseher, schauen Sie genau hin!
Das ist doch unglaublich!
Einige Partygäste sprinten zu ihren Wägen.
Sie starten diese und scheren auf die Rennstrecke ein.
Ja wollen die denn mitfahren?
Das geht doch nicht!
Das ist illegal!

Meine lieben Zuseher, dergleichen habe ich noch nie erlebt.
Sichern Sie sich die Dvd, die Blueray, oder am besten
beide, denn Sie wissen doch, die Dvd ist ein Auslaufmodell.

Auto innen

Florian

Was ist bei dir los?
Ich krieg zusätzliche Fahrzeuge auf den Schirm

Nordwind

Unser letztes Gespräch ist gescannt und in die Halle
gespielt worden.
Die Promis drehen durch, die wollen unsere Truppe
unterstützen.
Immer mehr spurten zu ihren Fahrzeugen.
Es ist der pure Irrsinn.

Florian

Tu was Mensch!

Nordwind

Ich kann hier an der engen und gefährlichen Kurve keine
Anomalie aufbauen.
Das gibt ein Gemetzel.

Florian

Verdammt!
Bei mir drehen sie auch durch, die Banker kommen aus
allen Tiefgaragen und fahren mit ihren Nobelkarossen auf
die Strecke.
Wir müssen abbrechen.

Fernsehsprecher

Es ist das Chaos!
Das Chaos.
Meine Damen und Herren, sehen Sie selbst.
Ich weiß nicht mehr, was ich zuerst kommentieren soll.
Überall Autos, die halsbrecherisch Fahrt aufnehmen.
Das ist kein Rennen mehr.
Nur der erste weiße Wagen kommt am Forum noch durch,
verfolgt von einer Horde Promis und denen folgen die
Banker.
Ja da muss doch die Polizei einschreiten.

Ja, wo ist die denn, nicht da, wie immer, wenn man sie
braucht.
Jetzt ist auch die Sonnenstraße zu.
Die Straßenkehrmaschinen sind aus der Schwanthaler
hervorgebrochen und haben die Sonnenstraße bis zum
Sendlinger Tor blockiert.
Der führende weiße Wagen sucht eine Lücke zu finden.
Vergeblich, er geht unter in diesem gelborangeblinkenden
Meer aus Licht und Besen.

Auto innen

Nordwind

Kali, melde dich.
Kali, melde dich mein Herz!

Fernsehsprecher

Sie müssen die Dvd kaufen.
Sie kriegen hundert Bonustracks mit allem, was hier vor
sich geht.
Unsere Mitarbeiter fangen schon mir dem Brennen an.
Es ist unglaublich, es ist die Hölle und es ist wunderschön!
Jetzt hält es auch Boris nicht mehr in seinem Hotel am
Promenadeplatz.
Er läuft auf die Rennstrecke, einen Schläger in der Hand.
Ja will er denn mit dem Tennisschläger für Ordnung
sorgen?
Das geht doch nicht, Boris!
Achtung, ein Nachzügler!
Er stellt sich ihm entgegen.
Mann gegen Maschine.
Da der Hechtsprung, die Beckerrolle wie in seinen besten
Tagen.
Doch er verfehlt und das Auto ihn.
Leider hat er im Eifer des Gefechts den Kastanienbaum am
Eingang zu diesem hübschen kleinen Park übersehen und
liegt nun benommen am Stamm.
Nun, er wird wieder auf die Beine kommen.
Toller Einsatz!
So ist er eben, unser Boris, immer voll da, wenn er
gebraucht wird.

Schlußvariante:

<u>Fernsehsprecher</u>
Sie müssen die Dvd kaufen.
Sie kriegen hundert Bonustracks mit allem, was hier vor
sich geht.
Unsere Mitarbeiter fangen schon mir dem Brennen an.
Es ist unglaublich, es ist die Hölle und es ist wunderschön!
Jetzt hält es auch den Alfons nicht mehr in seinem Hotel
am Promenadeplatz.
Er läuft auf die Rennstrecke.
Wie Don Quixote mit seiner Lanze zieht er mit seinem
Kochlöffel gegen die widerborstige Welt.
Ja will er denn mit dem Kochlöffel für Ordnung sorgen?
Das geht doch nicht, Alfons!
Der Kochlöffel ist doch viel zu klein!
Doch, wie wir ihn kennen, wirft er sich unerschrocken ins
Getümmel und den Nobelkarossen der Banker entgegen,
Und tatsächlich, sie verschonen ihn!
Warum?
Ich weiß es nicht, doch ahne ich es.
Sie können nicht anders: ist er doch der Repräsentant der
letzten und einzigen Kultur, die ihnen geblieben ist, ihrer
Esskultur, für die sie sich zuständig halten und die sie
zelebrieren gegen alle Widrigkeiten einer missgünstigen
und neidischen Welt, weil nur sie die Rechnungen in jenen
Gourmettempeln zahlen können, die dem gemeinen Mann
verschlossen sind.
Ach Alfons, du Ritter von der traurigen Gestalt.
Sie verneigen sich vor dir und deinem Kochlöffel und stellen
die Motoren ab.
Kaufen Sie die Blueray.
Die Dvd tuts auch.

Ende

Orplid, mein Land, das ferne
leuchtet

Personen:
Kali
Nordwind
Benno
Müller
Florian
Korrespondent
Radiosprecher
Basis
Onboardunit
Reporter
1. Fahrer
2. Fahrer
3.Fahrer
Franz
Polizist

Radiosprecher

Achtung, Achtung, wir unterbrechen unser laufendes
Programm mit einer Eilmeldung aus dem sibirischen Krieg.
Nach bisher unbestätigten Agenturberichten haben sich im
Raum Chanty-Mansijsk gewaltige Explosionen ereignet.
Noch lassen sich dazu keine genauen Angaben machen,
doch bleiben sie am Apparat.
Wir erwarten in Kürze einen Bericht unseres
Korrespondenten. Bis dahin Schlagermusik.

Zimmer innen

Kali und Nordwind beim Frühstück

Kali

Schau mich an, ich bin hässlich geworden.
Ich werde mich nicht mehr richtig bewegen können.

Nordwind

Das wirst du.

Kali

Ich ...

Nordwind

Weißt du zuweilen betrachte ich die Menschen.
Sehe, ahne, was sie durchs Leben tragen müssen.
Und ich bin dankbar, dass ich verschont blieb.
Doch ich weiß, wenn ich es muß, kann ich es auch.

Kali

Ich hab doch nur dich.

Nordwind

Wir haben einander

Kali

Du denkst, ich spinne?

Nordwind

Nein!

Radiosprecher

Hier der Bericht unseres Korrespondenten aus dem
sibirischen Kriegsgebiet. Entschuldigen Sie die schlechte
Tonqualität, er musste über Satellitentelefon sprechen, weil
alle anderen Leitungen unterbrochen sind.

Korrespondent

Ich bin in Chanty-Mansijsk, der Stadt, in der sich vor
wenigen Stunden heftige Explosionen ereignet haben.
Die Straßen, soweit ich sehen kann liegen ausgestorben.
Gebäude mit toten Augen ragen ins Mittagslicht.
Auf den Straßen sehe ich Leichen, keine Bewegung.
Es scheint, dass alles Leben erloschen ist.
Selbst die streunenden Hunde sind verschwunden, ein
Kadaver liegt mitten auf dem Bürgersteig.
Ich – wir fahren an einem Cafe vorbei.
Die Tische sind verlassen.
Tassen, Gläser, Aschenbecher.
Nirgendwo im Kriegsgebiet habe ich dergleichen bisher
gesehen, stets saßen Männer beisammen, zuweilen meinte
man, sie kümmere nicht, was um sie herum geschehe.
Es ist gespenstig.
Die Scheiben der Tür und der breiten Fensterfront sind
zerbrochen und schauen blind in den Tag.
Drinnen kann ich ein paar Tote erkennen.
Es ist still.
Unheimlich still.
Keine Tauben, keine Raben.
Nichts!
Kein Leben mehr in dieser Stadt.
Ich weiß nicht, wohin sich die Bewohner verkrochen haben.
Gibt es sie noch?
Eine Uhr mit großen Ziffern am Stadtplatz zeigt 8.30 Uhr.
Auf dem Display meines Telephons steht 12.48, 12,49.
Keine andere Bewegung vermag ich auszumachen.
Es herrscht Krieg.
Es ist ein Albtraum!
Ich beende meinen Bericht.
Ich kann nicht mehr erzählen.
Das Leben in dieser Stadt ist erloschen.

Nordwind

Die Strolche haben die Bombe gezündet.
Ich wusste es.
Nachdem die erste Barriere eingerissen wurde, war es nur
eine Frage der Zeit, bis die letzte fiel.

Kali

Du hältst dich für unfehlbar?

Nordwind

Grad das Gegenteil!

Kali

Nana!

Nordwind

Was glaubst du, warum ich mit dir angebändelt habe?

Kali

Angebändelt?

Nordwind

Du bist unendlich viel stärker, als ich es je sein kann.

Kali

Mir genügt, dass ich eine Frau bin.

Wirtshaus innen

Benno

Du säufst ja heiter vor dich hin.

Müller

Die Irren haben mich auf Kur geschickt.
Was glaubst du, was ich nachholen muß.

Benno

Ich dachte, die schmeißen dich raus.

Müller

Frühpensionieren wollten sie mich.
Aber ich will mir noch eine Zeitlang ansehen wia des Spui gespuit werd.
Die kriegen mich nicht weg.
Ich weiß zuviel.

Benno

Was weißt du denn?

Müller

Grad, dass ich dir das erzähle.

Benno

Du bleibst weiterhin in der Zentrale?

Müller

Wo denkst du hin?
Ich bin befördert worden.
Ich übernehme eine neue Gruppe zur Kontrolle des Schwerlastverkehrs in Sachsen.

Benno

Nein!

Müller

Aber sicher!
Bei uns ist es nicht wie bei euch in den Medien, wo einer
erst in den Himmel gehoben und anschließend in den
Matsch gestampft wird.

Benno

In Sachsen ist die Hölle los.
Die proben mal wieder die Revolution, wie seinerzeit.

Müller

Welche Revolution seinerzeit?
Von damals sind mir nur Bilder in Erinnerung wie sie sich
im Schutze ihrer Kinder in die Prager Botschaft geschlichen
haben.
Das war keine Heldentat!
Ich sehe noch wie sie die kleinen Körper über die eisernen
Zaunspitzen zerrten.

Benno

Das waren einige, nicht alle, die meisten ...

Müller

Mein Gedächtnis arbeitet eben selektiv, das mein ich ist bei
den andern auch nicht anders.
Und was stellen sie jetzt an?

Benno

Die Lkw-Fahrer wollen überall die Autobahnkreuze
blockieren.
Die Bergrevolution beginnt in Sachsen und wird dann auf
das gesamte Bundesgebiet ausgeweitet.

Müller

Wo um Gotteswillen nehmen die Sachsen denn Berge her?

Benno

Der Plan wurde im Autohof Berg oben in Franken am
Stammtisch ausgeheckt.
Nachdem die Lkw-Fahrer jahrelang friedlich versucht haben
auf ihre Probleme aufmerksam zu machen, ist ihnen der
Kragen geplatzt.

Müller

Die Idee kommt also aus der anarchistischen Seele meines
Volkes.
Hab ich nicht anders erwartet.
Ich wunder mich eh, dass die so lange geschwiegen hat,
nach allem, was ihr so zugemutet wurde.

Ist ja nicht jeder Anteilseigner bei Goldmann Sachs oder
den Blödmedien verfallen.

Benno

Die Initiatoren erwarten, dass erst der Verkehr und in
wenigen Tagen die Wirtschaft zusammen brechen wird,
wenn sie durchhalten.

Müller

Na, da haben wir als Staatsmacht auch noch ein Wörtchen
mitzureden.

Benno

Dann musst du aber rasch hoch.

Müller

Morgen geht's in die Fremde
Ich fürcht mich schrecklich.
Prost!

Wohnung innen

Nordwind

Du glaubst doch nicht alles, was sie uns erzählen?

Kali

Nicht alles.

Nordwind

Ich saß im Schlachthof, als dieses Politikerkind
ausplapperte, was der Vater schon wusste und am Abend
des 9. November dann branntheiß und überraschend
verkündet wurde. Ein paar Wochen später musste sie dann
widerrufen.

Kali

Dass du in den Schlachthof gingst.

Nordwind

Auch Zwerge haben klein angefangen.

Kali

Sie verfolgen mich.

Nordwind

Wer?

Kali

Meine Leute.

Nordwind

Deine Leute?!

Kali

> Von denen hat mich keiner aus den Trümmern geholt.

Nordwind

> Weil ich zuerst da war.

Kali

> Weil sie es nicht wollten.
> Die Bilder sahen schlimm aus.

Nordwind

> Eben deshalb hätten sie dich herausholen sollen.

Kali

> Sie hatten wohl andere Hoffnung.

Nordwind

> Du machst mir Angst.

Kali

> Das ist kein Spiel.

Nordwind

> Aber ...

Kali

> Warum glaubst du, warum ich mich hier nicht weg rühre?
> Mein Mobil ist voller Nachrichten.

Nordwind

> Ist es nicht riskant, es einzuschalten?
> Die orten dich überall.

Kali

> Nur ein paar Minuten, außerdem ist es eine
> Spezialanfertigung.
> Ich muß unbedingt an meinen Rechner.

Nordwind

> Wenn du überwacht wirst, dann scheint mir deine Wohnung
> der denkbar ungeeignete Ort.

Kali

> Ich habe noch einen anderen Unterschlupf.

Nordwind

> Du verblüffst mich immer mehr.

Kali

> Dort auf meinem Notebook habe ich alle Aktionen der
> Weißen dokumentiert und auch die Hintergründe.

Nordwind

> Du gehörst dazu.

Kali

> Ich gehöre niemanden...

Nordwind
> Aber ...

Kali
> Sie wissen, dass ich gefährlich bin, deshalb kam mir auch keiner zu Hilfe.

Nordwind
> Ich war schneller.

Kali
> Gottseidank, das nennt man wohl Liebe.

Nordwind
> Ich ...

Kali
> Bei uns ist die Sache schon lange aus dem Ruder gelaufen, aber das habe ich erst spät verstanden.
> Eigentlich erst, nachdem ich dich getroffen hatte.

Nordwind
> Mich?

Kali
> Ich weiß, dass ich dich oft verspottet habe.
> Aber deine Naivität ist wirklich überwältigend.

Nordwind
> Mir kommt auch manches seltsam vor.

Kali
> Seltsam ist gut.

Klingelton

Nordwind
> Ich habe eine Meldung, ich muß nach unten

Kali
> Kannst du die nicht hier abhören?

Nordwind
> Solche nicht.
> Bis gleich.

Nordwind geht. Kali macht das Radio lauter. Musik klingt aus

Radiosprecher
> Wir unterbrechen unser beschwingtes Vormittagsprogramm mit Musik in deutscher Sprache mit einer aktuellen Verkehrsmeldung:
> Aus Sachsen wird wachsender Stau gemeldet.

Nach bisher noch unbestätigten Berichten blockieren Lastkraftwagen alle wichtigen Autobahnkreuzungen in diesem Bundesland.
Soeben sehe ich, dass auch das Skeuditzer Kreuz betroffen ist.
Bleiben sie dran, wir werden Sie in wenigen Minuten genauer informieren unsere Korrespondenten sind unterwegs um die verwirrenden Berichte unserer zahlreichen Staumelder zu verifizieren.
Weiter mit Tarzan und Jane von der Ersten Allgemeinen Verunsicherung.

Nordwind im Auto

Nordwind
    Basis bitte melden!
Basis
    Na endlich!
Nordwind
    Was heißt na endlich, ich bin heute offline.
    Was gibt's denn so wichtiges?
Basis
    Aus deiner Gegend wird ungewöhnliche Aktivität der Weißen gemeldet.
    Wir wissen nicht was da los ist, weil keine Aktion geplant ist.
Nordwind
    Was für Aktivität?
Basis
    Die suchen irgendwas oder wen, keine Ahnung.
    Vielleicht kannst du was raus finden.
    Aber sei vorsichtig, die haben neue starke Scanner und reagieren sofort.
    Gestern haben sie Florian lahm gelegt.
Nordwind
    Wir brauchen die neuen Systeme dringend.
Basis
    Klaus kommt heute zurück und du fährst als nächster.
Nordwind
    Wieso fahren?

<u>Basis</u>
>Wir müssen auch die Hardware austauschen, du kriegst ein komplett neues Fahrzeug.
>Jetzt sieh zu, ob du was rausfinden kannst.

Nordwind schaltet Onboardunit ein

<u>Onboardunit</u>
>System bereit.
>Alle Einheiten auf voller Leistung.
>Peilung aus Nord und Südost.
>Baue Schirm auf.
>Schirm stabil, aber nur bei 95%, muß Leistung reduzieren, um Ortung zu vermeiden.

<u>Nordwind</u>
>Scheiße!

Startet Auto

Zimmer innen
Kali, Radio

<u>Franz</u>
>Das ist eine Kriegserklärung an unsere Gesellschaft und an uns alle.
>Liebe Hörerinnen und Hörer, ich halte hier in meinen Händen das Manifest der so genannten Bergrevolution und kann nicht fassen, was ich da lese.
>Es kann ja sein, dass es gewisse Ungerechtigkeiten und Probleme beim Lkw-Verkehr gibt: Löhne, die Ausstattung der Wagen, der Stress mit Arbeits-, Lenk- und Ruhezeiten oder auch hier und dort die mangelhafte Parkplatzsituation an den Autobahnen und Landstraßen und anderes.
>Aber das rechtfertigt bei weitem nicht, was die Initiatoren dieser Aktion vorhaben.
>Ihr Kampf richtet sich nicht gegen ihre Arbeitsbedingungen, er richtet sich gegen uns alle.
>Was hier in Sachsen heute geschieht ist erst der Anfang.
>Morgen sollen das Frankfurter Kreuz, Mannheim, Karlsruhe und Stuttgart blockiert werden und nächste Woche der gesamte Süder der Republik.

Wenn das geschieht, bricht alles in diesem Land zusammen und dies zu einer Zeit, wo unsere Soldaten in fremden Ländern und insbesondere im sibirischen Krieg in schweren Abwehrkämpfen stehen um unsere Freiheit, unsere Demokratie und unseren Wohlstand zu verteidigen.

Auto innen

Onboardunit
>Eingehendes Gespräch.

Nordwind
>Aufschalten!

Basis
>Wie läufts?

Nordwind
>Geht so, eigentlich weiß ich nichts, weil ich nicht durchkomme.

Basis
>Klaus ist schon da und übernimmt gleich, der schafft die. Und in der anderen Sache, meinst du, du kriegst sie so weit?

Nordwind
>Geduld!

Basis
>Sei vorsichtig, die Sache ist wichtig.

Nordwind
>Weiß ich.

Basis
>Wir brauchen die Informationen.

Nordwind
>Ist klar.
>Wann eigentlich soll ich nach Lemberg?

Basis
>So bald als möglich.
>Die neuen Systeme sind dringend notwenig, sonst sind wir erledigt.

Nordwind
>Von mir aus jederzeit.
>Ich meld mich dann ab.

Basis
>Verstanden und paß auf!

Zimmer innen
Tür geht und Radio zurück

Kali

Da bist du ja wieder.
Und?

Nordwind

Sieht nicht so gut aus.
Deine Leute scannen die Gegend.
Wann hast du dein Mobil angemacht?

Kali

Kurz bevor wir geredet haben.

Nordwind

Kurz danach waren sie zugange.
Das heißt, dein Telephon ist nicht mehr sicher und meines
vermutlich auch nicht.
Auch meine Einheit meldet Probleme.

Kali

Ich weiß, dass wir neue Ausrüstung kriegen sollten.

Nordwind

Ich werde nach Lemberg müssen.

Kali

Nach Lemberg?

Nordwind

Die Hardware wird ausgetauscht.
Bald.
Ich war auch bei deiner Wohnung.
Dort scheint alles ruhig.
Allerdings meine ich Spuren an deiner Wohnungstür
entdeckt zu haben.

Kali

Du warst oben?

Nordwind

Logisch.

Kali

Ich sag doch, die suchen mich.
Ich muß unbedingt an mein Notebook.

Nordwind

Du solltest nicht nach draußen, das kann ich für dich
machen.

Kali

> Muß ich selber holen.

Nordwind

> Aber erst, wenn die sich hier beruhigt haben.

Kali

> Die lassen nicht locker.

Nordwind

> Du kommst mit nach Lemberg, dann bist du aus der
> Schusslinie.

Kali

> Ich habe kein Visum.

Nordwind

> Braucht man nicht mehr in die Ukraine.

Kali

> Und dir macht das nichts aus, immerhin war oder bin ich
> noch bei den Weißen?

Nordwind

> Du warst.

Kali

> So einfach ist das nicht.

Nordwind

> Lemberg wird dir gefallen.
> Dort gibt es die schönsten Cafes der Welt.

Kali

> Du übertreibst.

Nordwind

> Warts ab und alle mit freiem Internetzugang, davon kannst
> du in diesem reichen Land hier nur träumen, und Kaffee
> und Kuchen sind auch nicht schlecht.

Kali

> Du willst doch nicht bloß Kaffee trinken gehen.

Nordwind

> Ich brauch die neue Ausrüstung.
> Außerdem will ich wissen, was im Sibirien los ist und das
> erfährt man nicht bei uns in den Medien.
> Roman hat da bessere Quellen.

Radio wieder hoch

Reporter
> Ich stehe hier mit meinem Mikrophon am Skeuditzer Kreuz, der großen Nord-Süd- und Ost-West-Achse in der Mitte unseres Vaterlandes.
> Seit mehr als einer Stunde wird dieser wichtige Verkehrsknoten blockiert und aus allen Richtungen hat sich schon ein mächtiger Stau aufgebaut.
> Die Polizei ist hilflos und die Pkw-Fahrer sind aufgebracht, verzweifelt möchte ich fast sagen, weil sie sich ausrechnen können, dass sie hier stundenlang festsitzen werden.
> Eine Gruppe Lkw-Fahrer steht unweit von mir neben ihren Fahrzeugen.
> Kapitäne der Landstraße nannte man sie einst.
> Kapitäne sind verantwortungsvolle Leute möchte man meinen.
> Ich werde einmal versuchen die Lage zu erkunden.
> Hallo, können Sie mir ein wenig über Sinn und Zweck dieser Aktion erzählen?

1. Fahrer
> Steht alles in unserem Flyer.

2. Fahrer
> Wir reden nicht mit der Presse.

Reporter
> Ich vertrete die Öffentlichkeit, auch Sie, und ....

1. Fahrer
> Uns hat noch nie jemand vertreten.

2. Fahrer
> Höchstens in den Verkehrsmeldungen, wenn wir als Autobahnkiller beschimpft werden.

Reporter
> Nun, es gibt auch andere Berichte ...

3. Fahrer
> Klar über Lkw, die Autobahnen verstopfen und ...

Reporter
> Es ist eine Tatsache, dass der Lkw-Verkehr beständig zunimmt.
> Die unsinnigen Tiertransporte, Just-in-time und ...

1. Fahrer
> Wir sind dafür nicht verantwortlich, dass die Konzerne die Straße als Lager missbrauchen.

3.Fahrer

Wir tun nur unsere Arbeit und dafür wollen wir ordentlich bezahlt werden und menschenwürdige Arbeitsbedingungen haben.

Reporter

Und wie lange wollen Sie die Blockade aufrecht erhalten?

3. Fahrer

Bis sich was bessert.

Reporter

Sie wissen, dass das illegal ist, was Sie hier machen?

2. Fahrer

Legal, illegal, scheißegal.

3. Fahrer

Hast du auch gesagt, dass es illegal ist, als die Banker Milliarden verzockten und sich anschließend großzügig Prämien genehmigten?

Reporter

Das kann man nicht vergleichen.

3. Fahrer

Da hast du recht, wir wollen nur ein paar hundert Euro.

Reporter

Aber der volkswirtschaftliche Schaden ist beträchtlich, allein heute ...

3. Fahrer

Morgen auch noch, hoffentlich!

Reporter

Finden Sie das verantwortungsvoll gerade jetzt, wo sich unser Land im Krieg befindet?

2. Fahrer

Was weißt denn du von diesem Scheißkrieg?

Reporter

Unsere Soldaten verteidigen Freiheit und Demokratie in Sibirien.

2. Fahrer

Quatsch mit Soße.

Reporter

Die letzten Berichte ...

2. Fahrer

Deine Berichte erzählen nichts von Rohstoffen und Profiten. Da geht's nicht um Freiheit und Demokratie und da geht's auch nicht um das Wohlergehen von Menschen dort oder hier.

Da geht's um Geld um Einfluß und Macht.

Reporter

Unsere Soldaten sehen das anders.

1. Fahrer

Mein Junge ist dort drüben, den kannst du ja mal fragen.

Reporter

Na sehen Sie.

1. Fahrer

Weißt du warum er dort ist?

Weil er hier keine Arbeit kriegt, ist er Zeitsoldat geworden.
Von Hartz IV können vielleicht die Dummschwätzer in der
Politik oder den Medien leben, nicht aber normale
Menschen.

Ich glaube, es ist besser, wenn du dich jetzt schleichst.

Wir reden nicht mehr.

Wir handeln.

Endlich!

Reporter

Nun meine lieber Hörerinnen und Hörer, Sie hören es
selbst, die Fronten sind verhärtet, die ...

Auto innen

Radio wird ausgeschaltet

Benno

Warum schaltest du ab?

Müller

Wir sitzen in meinem Wagen, da kann ich machen was ich
will.

Sei zufrieden, dass ich dich mitnehme.

Benno

Ist ja nett und hätte ich auch gar nicht erwartet.

Müller

Was willst du eigentlich in Sachsen?

Du verstehst ja noch nicht einmal die Sprache dort.

Ich kann dir fei nicht helfen.

Ich weiß ja selber nicht, was mich da erwartet.

Benno

Du bist nervös, gell?

Müller

Ich komm überall klar und es ist ja nicht für ewig.

Benno

Ich bin nicht mehr bei der Politik, ich arbeite jetzt für die Kultur.

Müller

Haste deswegen keine Kohle mehr?

Benno

Ich fahr dann weiter mit Bus und Bahn, ich will an die normalen Leute rankommen.

Müller

Viel Vergnügen.

Benno

Als erstes werde ich bei Dresden einen Professor besuchen. Das ist ein richtiger Bücherfresser, sein gesamtes Haus besteht praktisch aus Büchern.
Und dann will ich was über die Pyramide raus finden.

Müller

Pyramide in Sachsen?
Biste sicher, dass de nicht nach Ägypten willst?

Benno

Irgendein Investor plant in einem Dorf eine über hundert Meter hohe Pyramide, wo man sich einbalsamieren und bestatten lassen kann.

Müller

Interessant!
Ich wusste, dass die etwas an der Waffel haben

Benno

Angeblich hat er schon mehr als tausend Anfragen.

Müller

Ich schick ihm keine.

Benno

Lauter solche Sachen.

Müller

Und das will einer hören?

Benno

Sowieso, mein Redakteur meint, ich soll kurze Berichte machen, höchstens sieben Minuten, weil dann erlischt das Hörerinteresse.

Müller

Das ist wahrscheinlich so einer, bei dessen Berichten mein Interesse schon nach einer Minute erlischt.
Ich mag am liebsten Stundensendungen, aber die kann ja kaum noch einer von euch.

Benno

Es gibt einen Haufen investigative Feature, die sind auch
mein Ziel.

Müller

Investigat v, wenn ich das schon hör!
Im NWDR gabs früher gute Sendungen, die brauchten sich
nicht investigativ nennen.
Die waren einfach gut.

Benno

NWDR ist ja Steinzeit.

Müller

Ich bin mir dem Radio groß geworden.
Fernsehen war nur ein Zwischenspiel, die Sender halten
dich doch für bescheuert.
Das brauchste gar nicht einschalten.

Benno

Willste hier nicht abbiegen?

Müller

Hier? Wieso?

Benno

Wir sollten über Tschechien fahren, wenn wir nach Dresden
durchkommen wollen.

Müller

Ich bin doch kein deutscher Intellektueller, der sich ab und
an mal wegen Differenzen mit der Staatsführung ein
freundlicheres Domizil suchen muß.
Ich bin Polizist und lass mich nicht ins Ausland treiben.

Benno

Dann werden wir bald im Stau festsitzen, allzumal wenn du
weiter so langsam fährst.

Müller

Ich halt meine Geschwindigkeit.

Benno

Wozu hast du eigentlich diese Blende an deinem
Außenspiegel.

Müller

Das ist mein Beitrag zur Fortentwicklung der Automobile.

Benno

Ich verstehe nichts.

Müller

Seit die Irren die neuen Scheinwerfer einsetzen ist die unabdingbar,
Das weiße Licht macht dir die Augen kaputt.
Jeder Physikstudent im ersten Semester weiß, dass weißes Licht gefährlich ist, nur die Herren Entwicklungsingenieure haben das noch nicht kapiert.

Benno

Dann musste eben schneller fahren und auf der linken Spur, sag ich doch dauernd.
Dann brauchste nicht immer in den Rückspiegel zu schauen.

Müller

So wie beim Adolf seinerzeit, die Augen stets nach vorne und losrennen, komme, was wolle.
Und nie einen Blick zurück oder etwa gar das Hinterland sichern und sich hinterher wundern, wenn alles flöten geht.

Benno

Du meinst Adolf und die....

Müller

Die gleiche Mentalität, und weil ich das nicht mitmache, drum habe ich am Außenspiegel die Blende angebracht, denn du kannst zwar den Innenspiegel umkippen den draußen aber nicht, soweit konnten die nicht denken.

Benno

Du bist ja.....

Müller

Ich hab einfach den Irrsinn satt.
Ich machs Radio an.

Radio: Doors This is the end, dann Sprecher

Radiosprecher

Liebe Hörerinnen und Hörer, der sibirische Krieg ist in die entscheidende Phase getreten, an allen Frontabschnitten finden heftige Kämpfe statt.
Nach Eroberung der Stadt Chanty-Mansijsk durch die Unionstruppen und weiteren Landgewinnen im Norden scheint die gegnerische Seite zu Verhandlungen bereit.
Wie wir aus zuverlässiger Quelle erfahren haben, soll es auch bereits einen Termin für Verhandlungen zu geben.

Desungeachtet toben heftige Kämpfe an der chinesischen
Grenze, der Gegner setzt Raketen und Panzer ein.
Allerdings wird von dort kein Landgewinn gemeldet.
Die Unionstruppen behaupten ihre Position und planen eine
Gegenoffensive.
Nachdem der Feind im Nordosten in die Defersive gedrängt
wurde, scheint hier ein neuer Brennpunkt zu liegen.
An der afghanischen Front herrscht dagegen Ruhe.
Es sind spannende Entwicklungen im Gange.
Doch betrachten Sie einmal eine Landkarte, der sibirische
Raum ist so riesig, dass Westeuropa ein paar Mal darin
Platz finden könnte.
Das ist die Dimension dieses Krieges.
Weiter mit den Doors und unserer Oldieparade.

Zimmer
Nordwind und Kali

Kali

Geht es dir nicht ähnlich?

Nordwind

Wer sich nicht wehrt, lebt verkehrt.

Kali

Für Sprüche bin ich zu alt.

Nordwind

Was soll ich da sagen?
Wir dürfen die Kämpfe nicht allein den Jungen überlassen.

Kali

Am Anfang war ich überzeugt davon, bis ich dann dahinter
gekommen bin, was läuft.
Wir werden ebenso, wie die andern und folgen
Verhaltensmustern, die nicht mehr unsere sind.

Nordwind

Trotz alledem!
Wenn ich die Gesichter der Sieger sehe, ist es mir eine
Genugtuung unter den Verlierer zu sein.

Kali

Ich möchte Kinder, ein Haus, einen Garten, Wiesen voller
Blumen, Felder die hinlaufen zum Wald.

Auto innen

Benno

Zwei Stunden hängen wir jetzt fest.

Müller

Was sagst du?

Benno

Zwei Stunden hocken wir hier im Stau und das ist erst der Anfang.

Müller

Wenn die Bayern was machen, machen sies ordentlich.

Benno

Und wie soll das weiter gehen?
Ich habe einen Termin.

Müller

Ruf an, dass du zu spät kommst.

Benno

Ist ja wunderbar.

Müller

Kultur hat immer Phasenverzögerung zur allgemeinen Entwicklung.

Benno

Du machst mich fertig mit deiner Bildung.
Im Wirtshaus mit deinen Sprüchen bist du mir viel sympathischer.

Müller

Alles zu seiner Zeit.

Benno

Mach mal das Radio an.
Ich will wissen, wie lang das noch dauert.

Radio wird eingeschaltet

Radiosprecher

.... haben sich schwere Unfälle ereignet.
Mehrere Pkw sind ungebremst in das Stauende gerast.
Die Lage ist dramatisch, weil die Rettungsdienste nur von einer Seite aus an die Unfallstelle heranfahren können, deshalb werden Rettungshubschrauber eingesetzt, die nun aus dem gesamten Frankfurter und Wiesbadener Raum zusammengezogen werden.

Ein Sprecher der Polizei sieht die Ereignisse als Folge der illegalen Blockade und drängt die Lkw-Fahrer, diese unverzüglich aufzulösen.

Umfragen und auch Anrufe, die unseren Sender erreichen machen deutlich, dass bei der Bevölkerung keine Sympathie für diese Aktionen besteht.

Soeben bekomme ich eine Nachricht hereingereicht: auch im Raum München an der bekannten Nadelstelle bei Hofolding wurde ebenfalls eine Blockade aufgebaut.

Es ereignen sich massenhaft Unfälle.

Auch hier sollen Pkw ungebremst auf das Stauende auffahren.

Dies ist vollkommen unverständlich, denn seit Stunden senden wir Warnungen in den Äther.

Auto innen
Nordwind

Onboardunit

Anomaliestrahlung zweihundert Meter voraus und zweite in etwa ein Kilometer Entfernung links ab.

Beide von großer Intensität und können nicht aufgehoben werden.

Muß Schirm aufbauen.

Leistung 50%, 60%...

Basis

Wie siehts aus?

Nordwind

Die haben mindestens zwei Einheiten im Einsatz.

Ich bin auf der Autobahnbrücke, unten auf der Fahrbahn herrscht absolutes Chaos.

Ich sehe Leute herumlaufen, zerstörte Fahrzeuge, Verletzte, die aus den Fahrzeugen gezerrt werden, Qualm und vereinzelt Feuer.

Rettungsfahrzeuge sind festgefahren, weil die Elektronik ausgefallen ist, die Sanitäter müssen zu Fuß zu den Unfallstellen.

Vermutlich werden auch die Hubschrauber Probleme bekommen.

Die Anomalie besteht fort, die müssen sich so sicher fühlen, dass sie sie aufrecht erhalten, obgleich sie ihr Ziel erreicht haben.

Ich sehe immer noch Unfälle am Stauende, offensichtlich gibt es Fahrer, die keine Warnungen erhalten haben oder sie nicht ernst nehmen.

Onboardunit

Leistungsgrenze erreicht.

Der Schirm ist aufgebaut, ist aber in dieser Stärke nur zehn Minuten aufrecht zu erhalten.

Basis

Kannst du etwas unternehmen?

Nordwind

Nur beobachten, mein System ist zu schwach, keine Chance!

Basis

Klaus und Florian sind auf dem Weg.

Aber es ist kein Durchkommen, Haupt- und Nebenwege sind hoffnungslos überlastet.

Die haben uns ausgetrickst.

Es gab keine Hinweise auf eine solche Aktion, so dass wir nicht früher reagieren konnten.

Sie gehen über Leichen!

Nordwind

Hier eskaliert die Lage!

Die Leute drehen durch, nachdem sie festgestellt haben, dass nichts an ihren Fahrzeugen mehr funktioniert.

Einige versuchen einen Lkw zu stürmen und den Fahrer herauszuholen.

Sie sind mit Stangen und Hämmern bewaffnet.

Das gibt ein Blutbad, wenn nicht bald einer einschreitet.

Basis

Hast du die Kameras an?

Nordwind

Kann ich einschalten, aber nicht ausfahren.

Ich geb euch ein paar Bilder.

Aber ich will keine Aufmerksamkeit auf mich ziehen.

Jetzt zerren sie den Fahrer aus dem Wagen.

Sie schlagen auf ihn ein und andere werfen Gegenstände aus dem Führerhaus.

Ein paar Kollegen wollen dem Fahrer zu Hilfe kommen.

Es entwickelt sich eine regelrechte Schlacht.

Ich kann die Schreie bis hierher hören.
Wir brauchen keinen Krieg in Sibirien, wir haben ihn hier
auf der Straße.

Schreie, Rufen etc Auto wird gestartet

Nordwind
  Ich muss weg.
  Ich versuch mich von einer anderen Stelle noch einmal
  aufzuschalten.
  Hier wird's mir zu brenzlig.
Basis
  Alles klar!

Auto innen
Müller und Benno

Benno
  Wo sind wir eigentlich?
Müller
  Kurz vor Chemnitz, normal haben wir es nicht mehr weit.
Benno
  Wenn man fahren kann.
Müller
  Ich vertret mir mal die Beine.
Benno
  Eine Zigarette wäre nicht schlecht.

Aussteigen

Müller
  Die Gegend könnte auch mal eine Auffrischung brauchen.
  Ich versteh gar nicht, wo der ganze Solidaritätszuschlag
  landet.
Benno
  Der versickert.
  Du, was ist denn das?
Müller
  Was?
Benno
  Siehst du die Leute da?

Müller

Welche Leute?
Die werden aus anderen Autos kommen.

Benno

Fährst du mit Dreschflegeln Auto?

Müller

Wieso Dreschflegel?

Benno

Die kenn ich von früher.
Irgendwie sieht das seltsam aus
Und guck mal, da kommen immer neue Gruppen dazu.
Das gefällt mir nicht.

Müller

Die sind beim Arbeitseinsatz, sie ham hier noch die
Kollektivwirtschaft.

Benno

Das war einmal.
Sag mal, hast du deine Pistole dabei?

Müller

Soll ich vielleicht ein paar Schaulustige erschießen?
Das wir meinem neuen Dienstgeber aber gar nicht gefallen,
wenn ich unter solchen Voraussetzungen meine Stelle
antrete.
Du kapierst rein gar nichts von Polizeiarbeit.

Benno

Das ist nicht lustig!
Siehst du, sie kommen immer näher.
Einige haben auch Baseballschläger.

Müller

Seltsam ist das schon.

Benno

Die warten auf irgend etwas, dann gehen sie auf uns los.

Müller

Aber warum denn?

Benno

Schau mal, auf der anderen Seite läuft das gleiche Spiel!

Müller

Tatsächlich.

Schreien, Krachen

Benno

    Was hab ich gesagt?

Müller

    Die machen tatsächlich ernst.

    Du nimmst den Wagenheber.

    Meine Pistole ist hinten im Koffer.

Zimmer

Nordwind und Kali

Kali

    Da bist du ja endlich!

Nordwind

    Weißt du was draußen los ist?

Kali

    Ich habs in den Nachrichten gehört

Nordwind

    Das sind deine Leute.

    Die beuten die Blockaden für ihre Zwecke aus

Kali

    Ich weiß.

    Ich habe mein Notebook geholt.

Nordwind

    Du warst draußen?

Kali

    Ich hatte nicht weit zu gehen und ich habe aufgepasst.

Nordwind

    Und kommst du ins System?

Kali

    Die haben den Zugangscode geändert.

    Aber ich sollte es schaffen.

    Ich brauch Zeit.

    Ich bin gut am Computer, weiß du.

Nordwind

    Die Frage ist, ob es etwas nützt.

    Die Ereignisse haben alle überrollt.

Kali

    Darum geht's mir nicht.

    Ich will zeigen, wer tatsächlich verantwortlich ist.

    Ich werde meine Informationen an die Medien geben.

Nordwind
>Die werden dir nicht zuhören, weil sie längst ihre eigene Version verbreiten, die Lkw-Fahrer sind schuldig.

Kali
>Für die Unfälle sind sie nicht verantwortlich, auch nicht für die Ausschreitungen.
>Alles folgt einem genau inszenierten Ablauf, und es ist nicht das erste Mal, dass die Weißen so etwas durchziehen.
>Allerdings bisher nicht in dieser Dimension.

Nordwind
>Und warum?

Kali
>Falsche Frage.
>Was nützt wem?
>Denk nach!

Nordwind
>Ich glaube nicht, dass jetzt jemand Nutzen aus den Ereignissen ziehen kann, die sind für alle gefährlich geworden.

Kali
>Ich versuch mein Bestes den Code zu knacken und dann sehen wir weiter.
>Koch Kaffee!
>Einen großen Topf.

Nordwind
>Und Pizza?

Kali
>Das war zu anderer Zeit.

Nordwind
>Dann mach ich mal Kaffee.

Radio an

Radiosprecher
>Liebe Hörerinnen und Hörer, die Zustände auf und an den Autobahnen eskalieren unglaublich.
>Hören Sie einen telephonischen Lagebericht von unserem Sonderkorrespondenten Benno, der sich im Raum Chemnitz aufhält:

Benno
>Hier ist die Hölle los!
>Anders kann ich es nicht ausdrücken.

Es tobt eine regelrechte Schlacht zwischen den Insassen der Pkw und Einheimischen.

Diese kommen aus den Ortschaften entlang der Strecke, sie sind mit Dreschflegeln und Baseballschlägern bewaffnet und schlagen alles kurz und klein, was sich ihnen in den Weg stellt.

Entlang der Fahrbahn, die lange schon keine Fahrbahn mehr ist, sondern ein rauchendes Trümmerfeld voller zerstörter Fahrzeuge und verstört und verletzt herum irrender Insassen.

Die Wut der Angreifer scheint sich nicht eigentlich gegen die Menschen zu richten, sondern eher gegen die Autos. Systematisch dreschen sie auf Scheiben, Kühler und Heck und schreiten von einem zum nächsten.

Ihre Gesichter sind kalt wutverzerrt, die Schläge fallen ohne Unterlass.

Es ist eine ungeheure Wut, die hier zum Ausbruch kommt und der sich nur wenige Fahrzeuglenker ohnmächtig in den Weg zu stellen wagen.

Sie fallen und bleiben liegen neben dem Blechhaufen, der einmal ihr Pkw war.

Völlig stumm verrichten die Angreifer ihr Zerstörungswerk. Mehr als fünfhundert Meter erstreckt sich inzwischen die Todesstrecke und es ist kein Ende abzusehen, im Gegenteil, ich habe den Eindruck, dass immer neue Angreifer auftauchen ....

Kali

Das ist unglaublich.

Nordwind

Der Wahnsinn regiert auf den Straßen.

Kali

Davon red ich nicht.

Nordwind

In den letzten Jahren hat sich eine ungeheure Wut in der Bevölkerung angestaut, doch habe ich nicht erwartet, dass sie so zum Ausbruch kommt.

Was sagst du?

Kali

Ich spreche davon, dass Schwarz und Weiß seit Monaten zusammen arbeiten.

Nordwind
>Spinnst du jetzt?

Kali
>Ich habe den Code geknackt und bin im System drinnen.
>Schau her!

Nordwind
>Das glaube ich nicht!

Kali
>Welche Beweise brauchst du noch?
>Hier und hier.
>Das ist doch überdeutlich.

Nordwind
>Das kann nicht sein!

Kali
>Das unterscheidet uns, ich weiß, dass alles möglich ist

Nordwind
>Du bist einfach gegen die Schwarzen.

Kali
>Nein, ich bin eine Frau und glaube nicht alles, was erzählt wird.

Nordwind
>Also......

Kali
>Laß uns nicht streiten!

Nordwind
>Aber wieso habe ich davon nichts mitgekriegt?

Kali
>Weil du gutgläubig bist.

Nordwind
>Unsinn!

Es läutet an der Tür

Kali
>Wer ist das?

Nordwind
>Für die Post ist es zu spät.

Kali
>Hast du doch eine Pizza bestellt?

Nordwind
>Natürlich nicht!
>Geh nach drüben, ich schau nach!

Geht aus dem Raum und zur Eingangstür

Nordwind
>Hallo?
>Ach du?!
>Was willst du denn hier?

Macht die Tür auf

Florian
>Grüß dich!

Nordwind
>Seit wann besuchen wir einander in den Wohnungen?

Florian
>Besondere Umstände erfordern besondere Maßnahmen.

Nordwind
>Woher hast du überhaupt meine Adresse?
>Ich denk, wir sollen so wenig wie möglich voneinander
>wissen, falls mal einer auffliegt.

Florian
>Kann ich rein kommen?

Nordwind
>Nein!

Florian
>Okay!
>Also ich habe Unterlagen für Lemberg dabei und auch den
>neuen Code, den du für dein neues System brauchst.

Nordwind
>Und warum krieg ich das nicht übers Netz?

Florian
>Du solltest inzwischen kapiert haben, dass das nicht mehr
>sicher ist.
>Die Weißen haben einen Teil unseres Systems geknackt.
>Hier und paß auf!
>Und du sollst dich sofort auf den Weg machen.

Nordwind
>Sofort?

Florian
>Sofort!
>Und danke für die Gastfreundschaft.

Er geht Nordwind schließt die Tür

Kali

Wer war das?

Nordwind

Ein Kollege hat mir Unterlagen für Lemberg gebracht.
Die Weißen haben angeblich unser System geknackt.

Kali

Als wenn sie das bräuchten!

Nordwind

Ich soll sofort nach Lemberg.

Kali

Wir müssen uns was überlegen.

Nordwind

Denke ich auch.
Zeig mir noch mal, was du raus gefunden hast!

Auto innen

Müller am Telephon

Müller

Genau der.

Polizist

Ja Herr Kollege, wir warten schon alle auf Sie.
Das Empfangskomitee steht seit Stunden bereit.

Müller

Bleibt mir vom Hals mit euerm Empfangskomitee, das hat
mir gerade mein Auto demoliert.

Polizist

Hatten Sie einen Unfall?

Müller

Unfall kann man das nicht gerade nennen.
Ihre Landsleute machen mal wieder Revolution und
schlagen auf der Autobahn alles kurz und klein.

Polizist

Was sagen Sie?

Müller

Ihr müsst mich hier raus holen.

Polizist

Rausholen?
Ja wie denn?

Wo sind Sie überhaupt?

Müller

Ich lieg hier vor Chemnitz und um mich herum herrscht
Mord und Totschlag.

Polizist

Für Chemnitz sind wir nicht mehr zuständig.

Müller

Ist mit egal ob ihr zuständig seid, ich verlange, dass Sie
ihren Vorgesetzten vor dem Mob in Sicherheit bringen.

Polizist

Ich kann Ihnen die Nummer von den Kollegen in Chemnitz
geben.
Wir können von hier aus nischt machen.

Müller

Was heißt nischt machen?
Das wär ja noch schöner!
Habt ihr keine Hubschrauber?

Polizist *neben Telephon*

Der will einen Hubschrauber.
Rufe: Haben wir nicht.
Der spinnt!

Müller

Was ist da für ein Geplärre im Hörer?

Polizist

Die Kollegen sagen, wir haben keinen Hubschrauber.

Müller

Und wo ist das Geld geblieben, das jahrein, jahraus zu euch
rüber flattert?

Polizist

Herr Kollege ...

Müller

Kollege, Kollege, bleiben Sie mir mit Kollege vom Hals,
wenn Sie mich nicht beschützen wollen!
Habt ihr keine Nachrichten gehört?

Polizist

Doch, aber die Kollegen haben Ihren Empfang vorbereitet
und jetzt warten wir seit Stunden auf Ihr Eintreffen.
Rufe im Hintergrund
Der neue Kollege, er lebe hoch, hoch hoch!

Müller

Ach macht doch euern Kram alleene, ihr Pfeifen!
Benno!

Wo sagst du steht diese verdammte Pyramide?

Zimmer
Kali und Nordwind

Kali

Wir werden uns so schnell als möglich absetzen.

Nordwind

Absetzen?
Wohin?
Wie?
Ich will nicht fort!
Ich bin tief enttäuscht und stocksauer.

Kali

Das bringt uns jetzt nicht weiter.
Darum kümmern wir uns später.

Nordwind

Aber ...

Kali

Sie haben dich auf mich angesetzt?

Nordwind

Angesetzt?

Kali

Lüg nicht,
Die ganze Scannerei war doch nur ein mieser Trick.

Nordwind

Ja gut, ich sollte herausfinden, was du weißt und wo du
bist·
Allerdings bin ich mir da nicht mehr sicher, ob sie das nicht
schon längst wissen, nachdem Florian aufgetaucht ist.
Ich bin blind in die Falle getappt.

Kali

Du blöder Kerl!
Hast du kein Vertrauen zu mir?

Nordwind

Ich hatte nie vor, was zu sagen und wusste nicht raus

Kali

Okay, das glaube ich dir.
Aber dennoch, wir müssen uns schützen, wir sind jetzt
nämlich beide in Gefahr.
Können wir in Lemberg untertauchen?

Nordwind

Ich glaube nicht, dass Roman beteiligt ist, aber dort haber
wir keine Chance.

Kali

Denk ich auch.
Wir müssen in eine große Stadt.
Wir gehen nach Istanbul.

Nordwind

Wenn ich mit meinem Wagen nach Istanbul fahre, dauerts
ein paar Stunden und sie haben mich.

Kali

Unsinn!
Du fährst Richtung Ukraine, in Tschechien lässt du den
Wagen stehen, steigst in meinen und wir schlagen uns in
die Türkei durch.

Nordwind

Deiner ist Schrott.
Erinnerst du dich?

Kali

Ach Nordwind, vertrau mir einfach!
Ich hab auf meinen zweiten Namen einen Wagen
zugelassen, der wartet in der Garage und den nehmen wir

Nordwind

Und wie heißt du, damit ich weiß, mit wem ich's zu tun
habe?

Kali

Frauke Bertner.

Nordwind

Toll, und wovon sollen wir in Istanbul leben?
Ich kann kaum viel Geld abholen, sonst werden sie
misstrauisch und draußen lassen sich alle Transaktionen
verfolgen.

Kali

Geld ist kein Problem, ich habe ausreichend abgezweigt.
Deswegen suchen sie mich wahrscheinlich auch, falls sie es
schon entdeckt haben.

Nordwind

Du hast die Weißen beklaut?
Das ...

Kali

Das ist okay!

In einem Unternehmen, in dem die Oberen keine Moral haben, ist es wohl dreist diese von Mitarbeitern einzufordern.

Nordwind

Ich gebe mich geschlagen.
Ich wusste stets, dass ihr Weiber viel entschlossener und radikaler seid, als wir Männer es je sein können.

Kali

Gell, ohne uns geht nichts?

Nordwind

So kann man es auch sagen.

Kali

Gut!
Dann machen wir uns an die Vorbereitungen.
Viel Zeit haben wir nicht.

Radio an

Sprecher

Und nun unsere Nachtgedanken von Franz.

Franz

Der heutige Tag wird in die Geschichte unseres Landes eingehen.
Freilich ist es kein Ruhmesblatt in den Annalen.
Liebe Hörerinnen und Hörer, heute zerbrach etwas in unserem Land.
Mindestens 17 Tote, unzählige Verletzte, ein wirtschaftliches Schaden, der noch nicht auszurechnen ist.
Das ist eine vorläufige Bilanz, denn die Kämpfe und Ausschreitungen halten an und kein Ende ist abzusehen.
Ich spreche nicht von Sibirien.
Ich spreche von dem, was in unserer Heimat geschah und geschieht.
Ich möchte annehmen, das viele Lkw-Fahrer als sie sich dieser Aktion anschlossen in gutem Glauben handelten und tatsächlich hofften, ihre zum Teil berechtigten Ziele durchsetzen zu können.
Doch was ist daraus geworden?
Wie konnte es zu so einem entsetzlichen Ausbruch von Gewalt kommen?

Wieso hat kein Journalist, kein Politiker, kein
Wissenschaftler dieses ungeheure Hass- und
Gewaltpotenzial in unserer Gesellschaft wahrgenommen?
Offensichtlich becurfte es nur eines Funkens und das
Pulverfass explodierte und dieser Funke war die
Blockadeaktion.
Waren wir alle blind?
Liebe Hörerinnen und Hörer, ich weiß es nicht
In den langen Jahren meiner Rundfunktätigkeit muss ich
jetzt zum ersten Mal etwas kommentieren, das ich in seiner
Dimension nicht verstehe.
Ich ...

Auto innen
Radio wird ausgeschaltet

Kali singt Die Gedanken sind frei ....

<u>Nordwind</u>

Was singst du da für ein Lied?

<u>Kali</u>

Ich mag es von Kindheit an.

Singen hilft gegen die Niedertracht.

<u>Nordwind</u>

Jedes Ende birgt neuen Beginn in sich.

Wir werden weiterkämpfen.

Wir haben uns.

<u>Kali</u>

Ja.

<u>Nordwind</u>

Ich kenn noch ein paar Leute, mit denen werde ich Kontakt
aufnehmen, sobald es für uns wieder sicher ist.

<u>Kali</u>

Ich ebenso.

<u>Nordwind</u>

Vorerst werden wir in der Stadt wohnen müssen.

Kein Haus mit Garten und Wiesen, die zum Wald hin laufen

<u>Kali</u>

Aber Kinder will ich haben.

Nordwind
>Ich auch.
>Wir schaffen das.

Kali
>Das glaube ich auch.

Nordwind
>Lass uns einen neuen Anfang finden!

Kali singt weiter ihr Lied

Ende